人を幸せにする広告戦略

消費者、広告主、小売業が
Win-Win-Winで共鳴する

Strategic advertising for
win-win-win happy results

LMIグループ株式会社
取締役副社長 共同創業者
望田竜太

ダイヤモンド社

はじめに

「人を幸せにする広告」とは、広告に幸せを感じる瞬間とは、果たしてどのようなものを指すのか。

その最前線として、一つの事例をご紹介します。

赤ちゃん本舗――妊娠中、または乳幼児を子育て中の顧客に向けた、マタニティやベビー、チャイルド用品を販売している企業です。今その現場では、リテール（小売）メディアによる「保険」商品の広告が展開されています。

赤ちゃん本舗は、妊娠中、または子育て中という際立った客層を持っています。来店する顧客の消費意欲も旺盛です。同社の戦略は、いかにＬＴＶ（顧客生涯価値）を高めてもらうかが中心です。

そこに新しいテクノロジーを備えたリテールメディアが登場したことで、同社が大切に育ててきたブランドや顧客層が、そのまま広告媒体として高い評価を受けつつあるわけです。

たとえば、保険会社は、リテールメディアを通じてアカチャンホンポに来店する際立った客層に直接商品を広告できます。それを見て関心を持った来店者は、自らの意思で個人情報を提供する代わりに、アカチャンホンポの店頭ですぐに使えるクーポンを受け取れます。赤ちゃん本舗は、クーポンの利用による売上の上昇だけでなく、広告料やリテールメディアの設置料、さらに成約時のレベニューシェア（事業収益をあらかじめ決めた割合で発注者と受注者が分け合う契約方式）を受け取ることができ、今までとはまったく異なる収益源が生まれることになります。

私は、幸せな広告とは、広告の出し手と受け手、さらに仲介する立場の人も含め、新しい、心ときめく素敵な情報が公正な方法によって共有されるときに生まれると信じています。

関わった誰もが幸せになれる広告。そのハブになると確信しているのが、この本で紹介していくリテールメディアです。

つまり、日本全国、どのリテールの現場、どんな小売店にとっても、今後は新しい収益源と「幸せ」な形で出合える機会が増えていくわけです。

一方で、「人を幸せにする広告」があるのなら、残念ながら「人に不幸を感じさせる広告」も存在し得るかもしれません。

今消費者は、どんな広告に不幸を感じているのか。そのヒントは、「データが搾取されていること」にあるのではないか、というのが私の考えです。

ネットサーフィンをしているだけで、いつの間にか自分のことが知られている……ウェブ広告が登場してすでに四半世紀、当初こそ画期的で効率が高く、お互い幸せになれるはずでした。しかし今では、消費者が情報を搾取されていることへの疑心を強めるなかで、広告の出し手のなかには、むしろテクノロジーでそこを飛び越えることに腐心している人たちも見受けられます。

広告は素敵なものであってほしいですし、そうなれるはずです。しかし今、広告を媒介として「不幸」が作られているのはとても残念でなりません。

主にウェブ広告を巡って続いていたこうした状況が、今変わりつつあります。

私が考える「幸せな広告」には、3つのポイントが存在します。これはいずれも同時発生的に起こっていることです。

・近年のウェブ広告のような、「データ搾取」「情報の不均衡」は見直される。「サードパーティークッキー（第三者が発行するクッキー）」廃止の動きはその象徴だ
・今までデータの収集が難しかったリテール（小売）の現場が、新しいテクノロジーによってデータ化が可能になる
・その結果、新しい広告メディア＝リテールメディアが成長し、「幸せ」な形で再び広告が見直され、日本に新しいチャンスが生まれる

私は本書を、ウェブ広告を含む広告業界や広告主に対してだけではなく、今までウェブ広告の範囲外にいた（と考えていた）日本全国のリテール企業の方たちに読んでいただきたいと考えています。

アメリカでは、リテール事業者が自ら広告媒体となって展開しているリテールメディアの市場がすでに7兆円規模にまで迫っていて、デジタル広告全体の25％ほどを占めています。一方で、日本のリテールの現場では、消費者の行動パターンの違いや技術的な理由で、なかなかリテールメディアが発展しにくい状況が続いてきました。

それが今、大きく変わりつつあります。

日本のリテールの現場が持っていた、大切に育ててきたデータが、まるでウェブ広告のような方法で分析でき、使えるようになります。今まで評価を受けてこなかった店頭の人流はデータの宝の山となり、GAFA（Google、Apple、Facebook［現Meta］、Amazon4社のこと。アメリカの巨大IT企業）も取り込めてこなかった世界が開きます。

日本人の8割はウェブ広告に反応していないという調査さえあります。裏を返せば、ウェブ広告は、その限界から、多くの日本の消費者にアクセスできていなかったわけです。

この状況を変えるかもしれないのが、この本で説明していくリテールメディアです。つまり、これからはリテールの現場こそが、新しい広告の舞台になるかもしれないのです。

ウェブ広告を取り巻く大きな変化と、リアル空間をデータ化する新しい技術の成長が引き起こす、今までにない「幸せ」な広告。誰もが搾取されず、誰もが自分のデータを大切にしながら、広告主もリテール企業も、そして大切なお客さまも互いにメリットを共有できる新しい広告の姿。

看板業者から始まり、常にリテールの現場の変化を見てきた私たちは、最もリテールに近い立場で、誰もが簡単に参入できる新しいメディアの研究や開発に取り組んでいます。

変化が速い時代ですが、まずは今世界中で起きている事象をおさらいしながら、リテールメディアの現状、そして私たちや協業している方々の挑戦をご紹介できればと思います。

日本のリテールには、むしろ今後、今まで以上の力を発揮できるかもしれない環境が開かれる。私はそう信じています。

Contents

Contents

第3章

事例で学ぶ リテールメディアの活用

Contents

第4章 新しいリテールメディア AdCoinz(トクスルビジョン)とは？

Contents

序章

「脱クッキー」が「メイド・イン・ジャパン」の復権になるかもしれない理由

サードパーティークッキー廃止のインパクト

ウェブ広告における、「データの搾取」や「情報の不均衡」とも呼ぶべき状況が、今見直されつつあります。そして、本格的な「脱クッキー」の時代が目前に迫っています。

Ｇｏｏｇｌｅが、同社のブラウザ・Ｃｈｒｏｍｅにおけるサードパーティークッキーのサポートを２０２２年までに廃止すると発表したのは、世界がコロナ禍に巻き込まれる直前、２０２０年初めのことでした（その後、２０２４年7月22日にＧｏｏｇｌｅはサードパーティークッキーを維持する可能性があると表明）。

世界中のマーケティング関係者が騒然としたことは、言うまでもありません。何せウェブ広告の世界では、サードパーティークッキーが存在することを前提に、すべてのソリューションや広告戦略、そしてコストや広告費、広告効果の測定が行われてきたからで、サードパーティークッキーが廃止されてしまえば、それが土台から崩れてしまうことになりかねません。

もっとも、廃止される、廃止されると言われながら、代替技術の準備に時間がかかって何度も延期されてきたため、私たちはもはや、「サードパーティークッキーがなくなる！」という状況自体に若干慣れてしまった感もあります。

いずれにしても、サードパーティークッキーが規制されつつあるのは間違いないでしょう。そこで、マーケティング業界、特にウェブ広告に関わる方たちは、主に次のような観点で今後の「脱クッキー時代」を考え、また先回りしてきたのではないでしょうか。

①サードパーティークッキーを代替できる技術はないか？
②サードパーティークッキー廃止後、それを補える新しい媒体はないか？

この本では、私たちが携わっているリテールメディアの最新技術や仕組みを解説していきますし、タイトルにもその旨をうたっています。したがって、②の関心を満たすために、読み始めていただいた方もいらっしゃるでしょう。

そのニーズにお応えしつつも、一方で私は、「脱クッキー」時代におけるリテールメディアが、サードパーティークッキー廃止を補う、単なる「代わりのメディア」だとは考えていません。もちろんそうした面もあるにせよ、もっと革新的で、スケールの大きな存在だと感じています。

なぜなら、「脱クッキー」とリテールメディアの発展や浸透によって、もしかすると私たちは、実質上GAFAに代表されるプラットフォーマーに独占され、「一人勝ち」を許してきた状況を打ち破れるかもしれないからです。

そして、その先に生まれる新しい日本のリテールメディアは、日本のリテールにおけるリアル空間での体験をアップデートし、空間だけでなく人流にも価値を生み出すことで、新しいポテンシャルエコノミー（潜在的な経済価値）を生み出します。

私たちLMIグループは、そのために、リテール、広告主、消費者をつなぎ、三者が「Win‐Win‐Win」となれるような三方よしの仕組み作りを、既存のプレーヤーとはかなり違ったアプローチで行っています。

日本でのリテールメディアの取り組みは、先行しているといわれる米国とは明らかにアプローチが異なります。なぜなら、日米では、消費者の行動自体が異なるからです。

私は、日本のマーケットで今後成長していくリテールメディアが、やがて日本発の新しいマーケティングの仕組みとして海外に輸出されるような、少し大胆に言えば「メイド・イン・ジャパン」復権の一翼を担うような可能性があると考えています。

そして、広告で人を幸せにする、あるいは人々が広告で幸福を感じられる、そんな世界観を作ることができるかもしれません。

GAFA一人勝ちの時代は終わる？　それとも、より進む？

近年、「脱クッキー」の流れが強まった契機は、主にヨーロッパから始まった個人情報や個人データの保護に対する関心の高まりにあるというのが共通した認識だと思います。ＥＵでは２０１６年に一般データ保護規則（ＧＤＰＲ）が採択され、２０１８年から適用が始まりました。

個人の持つデータもまた、基本的人権のもとで保護されるべきだという原則は、GAFAの中では広告への依存度が低いAppleや、Firefoxブラウザを提供しているMozillaなどを先に動かし、Appleのブラウザ・Safari（世界シェア約9％）やMozillaのFirefox（同約7％）では、サードパーティークッキーはすでに制限されています。そして、遅れてGoogleなどのメインプレーヤーも対応を始めた、というのがこれまでの簡単な流れです。

何しろGoogleのChromeは、日本国内でも世界でも、デスクトップブラウザ全体のおよそ3分の2を占める高いシェアを誇っています。ここでサードパーティークッキーが使えなくなれば、マーケティング業界の関係者だけでなく、Googleもまた影響を受けるのではないかと懸念されるからです。腰が重かったのも理解はできます。

サードパーティークッキーが廃止されれば、これまでブラウザ上で行われてきた行動ターゲティング広告は難しくなります。なぜなら、そのブラウザを使っているユーザーが何に関心を示しているかを、サードパーティークッキーで収集できなくなるからです。

図表1　ブラウザのサードパーティークッキー廃止の流れ

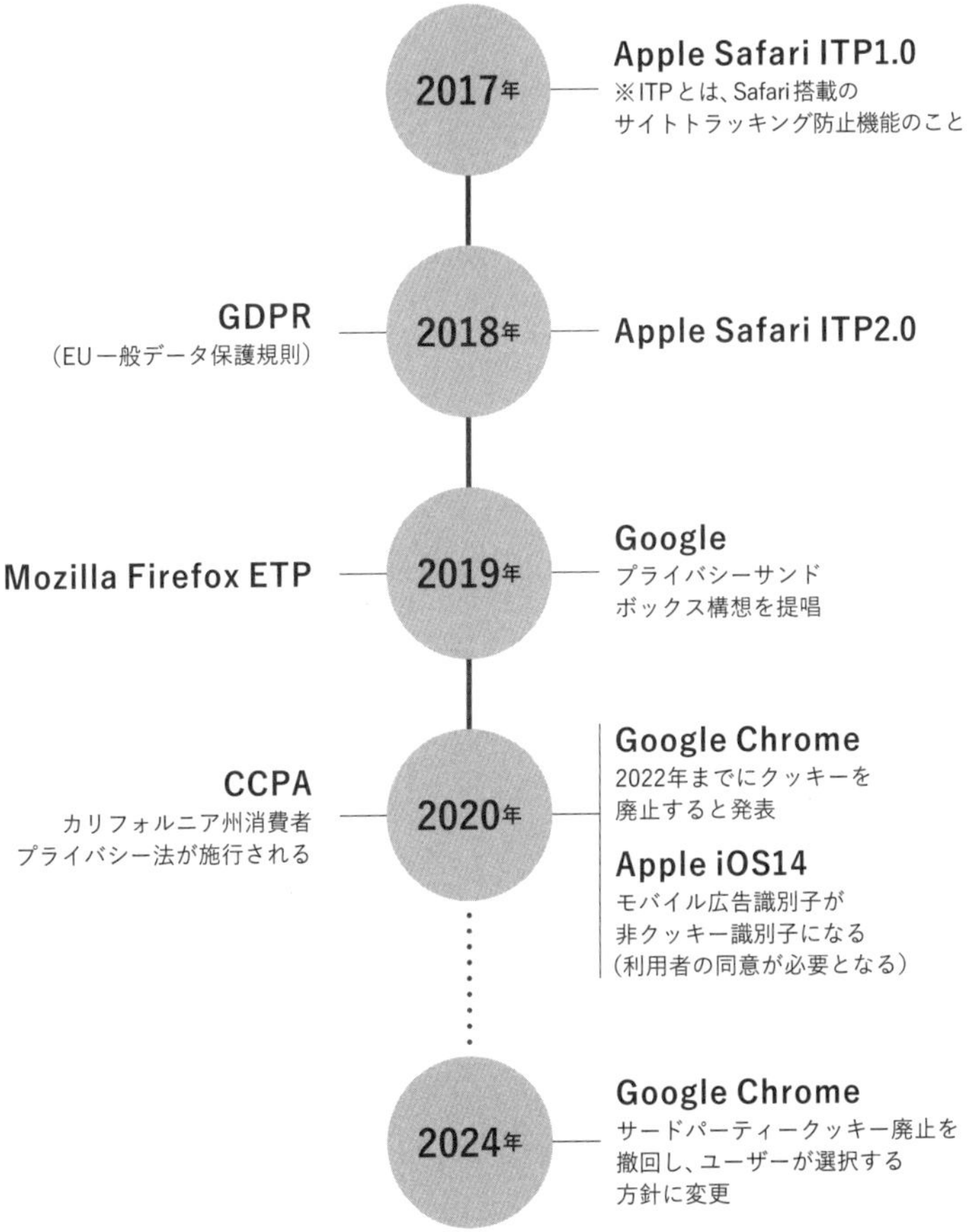

Mozilla FirefoxとAppleのSafariは、すでにサードパーティークッキーの追跡をブロックしているが、デスクトップブラウザの3分の2を占めるGoogle Chromeは、廃止を撤回し、ユーザーが選択する方針に変更

Ｇｏｏｇｌｅは、その代替として、個人を特定しない形で広告の配信を振り分けられる「プライバシーサンドボックス」を開発しています。

一方で、どうしてもターゲティングの精度は落ちますし、コンバージョン（ウェブサイト来訪のユーザーが資料請求、会員登録、購入など利益につながるアクションをすること）の情報取得がしにくくなることも避けられません。サードパーティークッキーの廃止でウェブ広告の効果が大きく下がることは間違いなく、これは、今まで右肩上がりで成長してきたウェブ広告に初めて危機が訪れたともいえるでしょう。

プライバシー保護のために、ＧＡＦＡがそれまで効果的に使われてきたサードパーティークッキーを廃止すれば、一見ＧＡＦＡの影響力が弱まるのではないかと考えがちですが、実際はそうシンプルな話ではないかもしれません。

大きな影響を間違いなく受けるのは、Ｇｏｏｇｌｅそのものよりも、Ｇｏｏｇｌｅの仕組みを利用して成長してきた広告仲介事業者や広告費を受け取ってきた媒体、そして高い広告効果を享受してきた広告主です。広告主の立場では、これまで高騰し続けてきたウェブ広告の単価が抑制されるという意味においては、プラスの面もあるかもしれませんが、それ以前に広告効果が減少することのほうが問題でしょう。

そして、代理店などとしていわゆるアドテク（広告における技術）を駆使してきた仲介事業者、そしてウェブ媒体はより深刻です。今までのやり方では、ウェブ広告や媒体自体の価値の低下、そして規模縮小が避けられないからです。

半面、意外にもGAFAはそこまで大きな影響はないか、むしろより寡占《かせん》の度合いを強めるのではないかという見方もあります。なぜなら、GAFAはそれぞれ個人ユーザーを引きつける魅力的なSNSや動画投稿サイト、ツールなどを多数抱えているため、引き続き質の高いファーストパーティークッキーの収集や分析をすることができるからです。当然、GAFAはプライバシーに配慮した上で、直接ウェブ広告を扱うようになるので、かえって依存度は高くなってしまうかもしれません。

こうした状況は、現在GoogleとウェブGoogle広告業界の間に強い摩擦が起きていることからも見て取れます。

ただ、もともとの広告費の出し手である広告主は、今ウェブ広告に起きている状況への理解や関心が、そこまで深くないようにも感じます。これは、いわゆる「アドフラウド（不正な方法で広告をクリックさせる、意図的に再生回数を増やすなどの、詐欺的で不正な広告の手法）」に気づかない広告主が多いことからもわかります。

リテールメディアは「脱クッキー」時代のカギに？

こうした状況の変化を受け、2・5兆円規模といわれている日本のウェブ広告費のうち、約1400億円程度が、プライバシー保護に配慮した形で行われる、ほかの広告媒体にシフトするのではないかと考えられています。

2022年4月にマッキンゼーが発表したレポート「As the cookie crumbles, three strategies for advertisers to thrive（クッキーが崩れゆくなかで広告主が成功するための3つの戦略）」では、今後広告主が重視すべきポイントとして、次の3点を示しています。

①自社の消費者に対して独自のタッチポイントを持ち、ファーストパーティーデータを

収集すること
②セカンドパーティーデータを持つ企業とパートナーシップを築くこと
③ユーザーが閲覧しているコンテンツに基づいて広告を表示する「コンテキスト広告」を試したり、最近関心の高まっているカテゴリーに基づいて消費者をターゲットする広告の深化を探ること

サードパーティークッキーをプライバシー保護という視点で考えれば、廃止となるのは時代の流れです。ただ、ここまでウェブ広告が発展、成長してきた背景を知ることも また、今後のマーケティング戦略を考える上では不可欠です。
ウェブ広告は、既存の広告に比べ、データに基づいてターゲティングができ、豊かなトラフィック（人流）があり、コンテキストマーケティングが容易で、その上コンバージョンに至るまで捉えることができたからです。

例として、インスタグラムに当てはめて考えればわかりやすいでしょう。日本でインスタグラムを利用しているアクティブユーザー数は、1日当たりおよそ1100万人で、

どのようなユーザーが、誰をフォローし、どんな投稿を閲覧し、反応しているかが、ファーストパーティークッキーに収集されています。広告主としては当然、トラフィックにもデータにも高い魅力を感じます。

一方、第3章で、セブン-イレブン・ジャパンと私たちLMIグループとの協業による、デジタルサイネージ（ディスプレイなどの表示機器を使って情報を発信するメディア）を用いたセブン-イレブン店舗でのリテールメディア展開をご紹介するのですが、全国約2万1000店のセブン-イレブンを訪れる1日当たりの客数（概算）は、実はインスタグラムユーザーよりも多い約2000万人にものぼります。つまり、トラフィックでは、むしろインスタグラムよりも規模が大きいといえることになります。

ただ、細かなデモグラフィックデータ（人口統計学的属性のデータ）をはじめ、クッキーで収集できるような個人データをリアル空間である店頭で収集することは、これまでは難しい課題でした。そこに現れたのが、AIカメラやデジタルサイネージであり、またそれらを組み合わせる技術です。

本書の前半では、急速に、特にコロナ禍以降技術面でも運用面でも大きく変わったリテールメディアを支えるテクノロジーについても述べていきます。

今まで知られてこなかったリテールメディアのポテンシャル

ウェブ広告とリアル空間を比較するとき、必ず言及されるのはコンバージョンについてでしょう。

ウェブ広告では、どのユーザーに訴求するか、何に関心があるユーザーに訴求するかなどを細かく検討した上で出稿し、ユーザーがどれだけクリックしたか、コンバージョン率はどうだったかまでが明確にわかります。費用対効果も計算しやすく、効率的なマーケティングを支えてきました。

それと比較すれば、リテールの現場で同様のことを行うのは難しいとされてきました。店頭でどうやって訴求するか、訴求された人とそうではない人でコンバージョン率にどれだけ違いがあるか、そもそも来店している人がどのような人なのか――リアル空間で把握することは非常に困難だからです。

ただ、リアル空間には明らかにウェブ広告よりも有利な面があります。

店頭にやってくる人は、ただブラウジングしていてウェブ広告に接している人よりも、実際に買い物をしようと考えている度合いが高く、きっかけ次第で、本来買いに来たもののついでに何かを買ったりする可能性が高いのです。

ということは、もしもリテールメディアが、リテールの店頭やリアル空間で、まるでウェブ広告のような形で、その上これまで懸念されてきたようなプライバシー配慮も満たしつつマーケティングできる媒体になれれば、ウェブ広告と同等、あるいはそれを大きく超えるポテンシャルを持つとも考えられるわけです。

インスタグラムとセブン‐イレブンの比較だけではありません。もともとウェブ広告に反応する消費者は全体のおよそ2割だという調査結果があります。

これはつまり、いかにウェブ広告を工夫し、いろいろな手を打ってクリックさせようと努力を続けてきても、フィールドは全体の2割でしかなく、そのなかでの取り合いを繰り返しているだけで、残りの8割には届いていなかったかもしれないのです。

私も、読者の皆さんも、恐らく普段の生活のなかで、関心のあるウェブ広告をクリックすることに対してさほど抵抗はないでしょうし、ネットを通じて当たり前に消費行動をしているはずです。ただ、世の中では私たちのような存在はむしろ少数派かもしれません。リテールの店頭で買い物をしている「未開拓」の鉱脈のほうが、実はずっと大きい可能性があります。

GAFAの話に戻せば、いかにGAFAであっても、ウェブ広告だけをしているのであれば、結局は2割のなかでの寡占、一人勝ちをしているにすぎないのかもしれません。

私たちは「看板屋」

リアル空間で展開されるリテールメディアには、ウェブ広告で経験した強さを生かせる部分もありますが、それだけでは決して運用することはできません。

ネットで消費せず、わざわざ店頭を訪れる消費者には理由があります。主に「実際に商品を見て比較、検討したいから」、そして「販売員、店員から接客を受ける価値を感じているから」です。

何かを買うために店頭に行くということは、新しい発見をしやすく、ほかのおすすめも受け入れやすくなっていると考えられます。

問題は、そうした人たちに、ウェブ広告のように効率のいい方法でマーケティングできるかどうかです。1枚1枚チラシをまいて、一人ひとりに声かけをしたり、看板やPOPの活用も有効かもしれません。ただ、費用対効果を考えると、ウェブ広告とは比較になりませんし、そもそもコンバージョンに結びついたかどうかを知ることも容易ではないでしょう。

そこにAIカメラやデジタルサイネージが登場し、リテールメディアの可能性が広がり始めました。しかし、ウェブ広告にしか知見がない事業者には、どこにAIカメラを設置すればいいのか、どう運用すればいいのか、トラブルが起きたらどのように対応すればいいのか、恐らくすぐにはアイデアが出てこないでしょう。さらに、システムの後ろでどのようなプログラムを走らせ、リアル空間から得られたデータをどう分析するかについても、ほぼ未経験だと思います。

そして、リテールの現場では、設置した部材が店舗の運営に困難を与えてはいけませんし、何より来店するお客さまの安全やプライバシーを確保しなければなりません。こうした、いわば「現場力」のようなものは、ウェブ広告のみで成長してきた方たちには恐らく蓄積のないものでしょう。

私たちLMIグループの祖業は、群馬県でスタートした看板工事、いわゆる「看板屋」です。店名を大きく掲げる、あの大きな看板です。

その後、店舗の内装デザインや什器《じゅうき》の手配、そしてデジタルディスプレイ設置と事業を広げ、やがてそのディスプレイを使ってどのようなサービスを展開できるか、リアルの空間にデジタルでどんなイノベーションを起こせるか……という流れで、事業を展開、発展させてきました。

私自身は、大学卒業後、投資銀行や外資系コンサルタントを経て、LMIグループに入社しました。その理由は、この会社が、同じ高校と大学に通っていた親友、当社社長の永井俊輔の実家、家業だったからです。

新卒で入社したベンチャーキャピタルを半年で辞め、家業を継ぐことになった永井は、古い産業、業界を変え、本当の価値を生み出していく挑戦の最中でした。そんなあるとき、永井から、コンサルタントの視点で経営にアドバイスをしてほしい、という依頼を受けました。

ＬＭＩは、ウェブ広告事業者とはまったく違うルートをたどり、リアル空間で１２０社ものお客さまとともに知見を積み重ねながら、リテールメディアに至っている企業です。当然、リテールの現場における対応、そして商空間を活用する発想は、大きくアプローチが異なります。

読者の皆さんも、まさかそんな会社がリテールメディアに取り組むなんて飛躍しすぎなのでは？　とお考えになるかもしれませんが、客観的な目線も入れて分析すればするほど、ＬＭＩの持つポテンシャル、本質的な価値を追い求める力に共鳴せざるを得ませんでした。

ＬＭＩとは、「レガシー・マーケット・イノベーション」を指します。古き良きレガシー産業に、効率化やデジタル化をもたらし、市場を変えるイノベーションを創り出す――そんな思いが込められています。

もちろん、私たちは、ウェブ広告を全否定するつもりなどまったくありません。ウェブ広告が育んできたデータ分析、そして効率化のいいところを取り入れながらも、ウェブ広告とは違った方法で、リアル空間と組み合わせようとしているわけです。そのノウハウや考え方は、本書でさまざまな事例を交えながらご紹介していきます。

『人を幸せにする広告戦略』――広告における「幸せ」とは？

私はこの本の書名を『人を幸せにする広告戦略』としました。なぜなら、私たちが推進しているリテールメディアの最も重要な目的が、「人を幸せにすること」だからです。

話をもう一度、サードパーティークッキーに戻しましょう。

個人のデータが搾取されずに保護され、守られるべきだという流れは、マーケティング関係者、あるいは広告主には「コスト増」「戦略の転換」「常識の崩壊」と映るかもしれません。

一方で、消費者としての自分、ウェブ広告を見る立場の自分に立ち戻ったとき、果たして、便利で効率がよく、コンバージョンまでわかるウェブ広告に接してどんな気分になることが多かったか、少し思い返してみてほしいのです。それは、必ずしもポジティブなだけの気持ちになるわけではありません。

▽なぜ私のことをここまで細かく知っているのか？　気持ち悪い
▽自分の個人情報をどこまで広告主側に把握されてしまっているのか？
▽一度見たサイトの広告にいつまで追いかけられなければならないのか？
▽勝手に動画を再生される
▽表示したくない広告の閉じ方がわからない
▽クリックさせようとするテクニックが、少し行きすぎなのでは？
▽見ていて不快な広告が多すぎる

……皆さんも一つや二つ、思い当たる記憶があるのではないでしょうか。どれを取っても、「幸せ」な感覚とは距離があります。

本来の広告は、もっとワクワクして、知らないモノや情報を知って興奮し、消費したい、体験したいという気持ちにさせる存在だったはずです。きれいなもの、美しいもの、素敵なスタイルや世界観に憧れるためのメディアであったはずです。

しかし、ウェブ広告を手がけている人のなかには、合法のギリギリ、あるいは違法すれすれのところを狙い澄ましたかのようにきわどく走りながら、高い効率性、そして高い収益性を実現することに、喜びとモチベーションを見出《みいだ》してきた人がいることは否定できません。

ウェブ広告が、広告の幸福感を壊してしまった、とまで決めつけるのは言いすぎでしょう。クッキーがあるからこそ、毎回ＩＤやパスワードをいちいち入力する必要から解放され、インターネットショッピングの「買い物かご」も存在するわけで、そこだけを見れば多くの人が便利で快適だと感じるはずです。

どうすれば、ウェブ広告の効率性を生かしながら、かつてのような「幸せな広告」に近づいていけるのか。私はそのためのキーワードを仮に「データの民主化」としました。

合法的なのだろうけど、意識しないうちに自分の情報を集められていると感じている消費者は、やがて疑心暗鬼になっていきます。一部のウェブ広告関係者はアドテクの開発に夢中になり、広告主は広告費の高騰に悩んでいます。

一方でウェブ広告やＥＣ（電子商取引）との関連性が薄かったリテールは、利益率の低下、成長の難しさを実感してきました。

ここに、リアル空間で展開するリテールメディアを活用することで、小売業（リテール）も消費者（生活者）も広告主も、前向きに、堂々と、もちろん合法的にお互いのデータを共有する仕組みが作れないか、というのが、私とＬＭＩグループの提案であり、今取り組んでいる挑戦です。

そして、コロナ禍を経て、私たちが得たさまざまな協業の経験とノウハウを組み合わせました。

リテールメディア、リアル空間の可能性には気づきつつも、リテール側が大きなリスクを取りにくい状況を打破するため、私たちＬＭＩグループがリスクを取り、機材やノウハウを提供していく「ＡｄＣｏｉｎｚ（トクスルビジョン）」という新しいスキームを構築しました。第４章で、詳しく解説させていただきます。

少し先取りをすると、やがて、たとえば自宅の近所で見つけた素敵なお店にリテールメディアが導入されていて、１００メートル先にある別のお店の最新情報や、３軒隣のお店の割引クーポン広告が展開されているような関係が、手頃な価格で構築できるかもしれません。これまでのウェブ広告ではまず手が届かなかった世界ですし、商店街や地域商圏の活性化にも貢献できます。子育て・共働きや高齢化にもマッチしています。新しい人流や物流を生み出せるかもしれません。そして、潜在的に存在している新たな経済（ポテンシャルエコノミー）を顕在化して、経済成長に寄与する可能性を秘めています。

リテールメディアがすでに発展している米国は、社会の仕組みが日本とは大きく異なりますし、消費や買い物のスタイルも違っています。「ご近所」や、町内のいいお店、応援したくなるお店が広告や情報、クーポンなどでつながりながら、消費者も自分の情報を自発的に提供して、そのなかの一員になっていくようなモデル……これはもしかすると、古き良き日本の消費文化を復興させるきっかけにできるかもしれません。

こうした課題への取り組みは、日本が恐らく世界最先端でしょう。そして、高密度の都市生活が中心のアジアでは、日本で実績を出したモデルが有用になるはずです。東アジア、東南アジアを中心に、日本発信のリテールメディアがモデルとして輸出されていく時代も、そう遠くないうちに来るのではないかと期待しています。

反対側から見れば、こうしたリテールメディアのフィールドは、GAFAをはじめとするプラットフォーマーはなかなか入り込めませんし、データ取得の難しさ、煩雑さから非効率と見なして手がけてこなかったジャンルともいえるでしょう。しかし、だからこそ、日本にまだ大きな可能性が残されていることを示してもいるわけです。

第1章

リテールメディアが脱クッキー時代のベストな解決策になれる理由

サードパーティークッキーがなくなるからリテールメディア？

Ｇｏｏｇｌｅのサードパーティークッキーは２０２５年に廃止される見込みでした。ところが、２０２４年7月22日に「廃止を撤回する」という発表がありました。Ｇｏｏｇｌｅは仕組みを維持しながら代替技術を提供するとの声明を出しているものの、今後どうなるのか、はっきりとはわかりません。そのため本書では、現時点のサードパーティークッキーという仕組みが少なからず変わることを前提として、話を進めていきたいと思います。

この過程で、リテールメディアが改めて注目をされていると感じます。また、私もリテールメディアが「脱クッキー時代」の問題を解決するソリューションになると考えています。当社にも、リテールメディアの可能性や、最新の状況を確認するためのお問い合わせを多数いただいています。

サードパーティークッキー規制を受けて、リテールメディアへの関心が高まっていくこと自体は、十分理解できる話ですし、また当然の結果とも考えられます。

ただ、一方で私は、多少の違和感を抱いていることも事実です。サードパーティークッキー規制を巡り、広告関係者やマーケティングの専門家が懸念しているポイントとして、次のような点を少なからず耳にするからです。

・サードパーティークッキーがなくなることで、ウェブ広告の効率が下がる
・せっかく便利だったのに、規制がかかって面倒なことになった

もっとも、広告主の段階では、こうした問題意識もなく、サードパーティークッキー自体もよく知らないために、規制を単なるコスト増と捉え、面倒だが守らなければ問題になるリスクとして、やむを得ないと捉えている方も少なくないようです。そもそも、サードパーティークッキー規制がなんのことなのか、あまり詳しくはわかっていない広告主もいるそうです。

私は、サードパーティークッキー規制を、コスト増として考えることは、少し問題を矮小化《わいしょう》しすぎているのではないかと考えます。せっかく便利だったのにもうサードパーティークッキーは使えない、だからほかの広告手法を探さなければ……という見方だ

けにとらわれてしまうのは、とても受け身で、もったいないことだと思います。そして、リテールメディアに対する理解をゆがめかねません。

サードパーティークッキーがなくなれば、ひとまずウェブ広告の「精度」が落ちることは明白です。これまでのようなターゲティングはできなくなり、狙っている層に、コストに合わせてピンポイントに露出することが難しくなるからです。

この状況を受けて、関係者のなかには、「サードパーティークッキーがなくても、今までに近いような、うまいやり方ができないか?」といった方向で考えている方が、少なからずいるように感じます。

こうすれば規制を回避できる、この技術を使えば今までとほぼ変わらないマーケティングが可能……あえて言えば「抜け道」や「抜け穴」を探る動き。規制は「合法的」に守りながらも、あるテクニックを使えば実質上はサードパーティークッキーに近い精度が出せる、などという話を聞きます。

「規制はかいくぐればOK」が正解なのか?

あくまで私の印象ですが、こうした動きには、ややゲーム的な快感、面白さも伴っていると感じます。

レギュレーションを守りながら、サードパーティークッキー以外のアドテクを駆使して今までのような効果やキャッシュフローを実現できる人が、いわゆるテックギークとして尊敬を受ける、「高得点」をたたき出した人としてリスペクトされるようなムードです。

私はそのジャンルの専門家ではありませんが、「合法ならば、合法なのだから当然に許される」という考え方にも、「むしろ合法ギリギリの線を攻めて高い効果を出す人間が素晴らしいプレーヤーとして称賛される」という雰囲気にも、うなずけないのです。まして、その延長線上でリテールメディアの活用を考えることにもです。

こうした風潮は、そもそもなぜサードパーティークッキーは規制されるのか、その背景をあまりにも軽視しているのではないかと感じます。あまりないがしろにしすぎると、その先には、ウェブ広告やマーケティング自体が信頼感を失い、輝きを失くし、消費者から嫌われてしまう、いっそう「不幸」な世界が続くのではないかと心配になります。

私たちがまずすべきなのは、もともと、なぜサードパーティークッキーが規制されるに至ったのか、その世界的な流れと、現在の一般消費者が抱いている雰囲気を把握することではないでしょうか。

たとえば、このようなポイントです。

・なぜ自分のことを知っているような、見透かしたような広告がいきなりPCに表示されるのか？　率直に気持ち悪い
・このようなウェブ広告の仕組みを、いつ自分が、世の中が許容したのかわからない
・こうした状況が合法的だとしても、あまりにウェブ広告企業側が有利で、自分たちは無力なのでは？

ウェブ広告に関わる方たちの立場では、違った見方や反論があるでしょう。「見透かしたような広告をいきなり表示できること」は、ターゲティングの精度が高いことを示しているともいえます。サードパーティークッキー自体はあくまで合法ですし、ほとんどの事業者はそれぞれの国での法令を守っています。もしも消費者がこうした状況に違和感を覚えるのなら、それは単なる勉強不足、時代遅れなのではないか……と見ること

もできなくはないでしょう。

しかし、ウェブ広告の技術に詳しくない一般消費者の立場では、「気持ち悪い」「薄気味悪い」「自分の個人情報は守られているのか？」「そもそもこうした広告のあり方自体に問題があるのでは？」と感じることもまた、無理のない話ではないでしょうか。

一般の消費者でも、少し調べてみればわかることはたくさんあります。クッキーの仕組みや、その情報源。意識しないままにサードパーティーにリダイレクトされ、自分の情報が書き込まれている事実。しかしそのスキームは合法で、消費者にメリットがある場合もないわけではありません。

こうしたモヤモヤした雰囲気のなかで、企業による個人情報の漏洩がたびたび起きたり、外国への情報移転がいつの間にか行われていたり、といったことが明るみに出ると、不安や不信感は増すしかありません。さらに、この状況でSNSが普及したことにより、不満や不信感が、たとえ個人発であっても、きっかけや状況によってはあっという間に爆発的に広がることも当たり前になりました。

特に、GAFAに代表される巨大企業、プラットフォーマーが情報やデータを独占している現状は非常に不均衡で、人によっては情報を「搾取」されているとさえ感じる程度に達しています。

そこで、消費者のプライバシーをより強く保護していく観点で、欧米から始まったのがサードパーティークッキー規制の流れだったはずです。これをマーケティング関係者の視点で解釈すれば、ターゲティングやリスティングがやりにくくなり、コンバージョンが計測しにくくなり、分析力が落ちる……という論点になるわけです。

しかし、そもそもの前提として、ウェブ広告やマーケティングが消費者の信頼を失い、反感を買い、搾取されているという意識を作り出してきたことへの思考、配慮がまず先になされなければ、いくら新しい規制を回避したところで、結局はいつの日か「炎上」し、消費者からさらに厳しいバッシングを浴びて、退場せざるを得なくなるような事件が起こりかねません。情報の非対称性を利用して真実を隠して不当な利潤を得ていく時代は終わったのです。

そして本来、マーケティングや広告は、もっと素敵で、心が動き、新しいものを知る喜びに満ちていたはずです。

ウェブ広告は、どうして今のようになってしまったのか。私はまず、そこから考えられる視点を持ち得るかが、新しいマーケティングを、そしてリテールメディアの今後を左右するのではないかと考えます。

では、GAFAを叩けば解決するのか？

国際的な巨大プラットフォーマーに成長したGAFAを規制することが、近年、いわば世界的なトレンドになっています。

主な規制の対象、論点としては、「本来納めるべき税を納めていない」こと、「市場を独占している」こと、そして、この本と深く関わってくる「データを独占している」ことに分けられるのではないでしょうか。まとめるならば、GAFAは非民主的で、中央集権化している、というわけです。

特にGAFAを生んだ米国を中心に、日本も含め世界中で、しかも現在進行形で規制が強まっています。その是非を論じる資格や知見は私にはありません。

多少距離を置き、客観的に見るのであれば、各国の国民は今までのところ、それぞれの政府がGAFAを叩き、規制することを基本的に支持していると見ていいのではないでしょうか。

私もそうですが、恐らく皆さんも、そしてＧＡＦＡを叩くことに賛成の多くの方々も、ＧＡＦＡのどこか、あるいはすべてになんらかの対価を払い、便利なサービスを受けたり、何かを買い求めたりしているはずです。それにもかかわらず、ＧＡＦＡを叩くことに賛成なのは、強すぎるものを攻撃することの快感だけでなく、ＧＡＦＡ自身が巨大化しすぎていることへの不安、自分たちのような弱い一般消費者を尊重してくれるかどうかへの懸念があるからではないでしょうか。

こんな見方もできるでしょう。民主主義各国の施策は、選挙によって大きな影響を受けます。米国やヨーロッパだけでなく、日本も当然同様です。各国の政府がＧＡＦＡを規制する方向で動き続けていて、国民からは大きな不満の表明もないということから見ても、ＧＡＦＡは強すぎるので規制されるべきだと考えている人が多数派だ、と判断していいのではないでしょうか。あるいは、政治の世界でも、ＧＡＦＡを叩くことが有権者にはポジティブに映ることにすでに気づいているのでしょう。

少し強めの言葉を使うのなら、真偽のほどや度合いはさておき、「ＧＡＦＡは民主的ではない」というコンセンサスが、世界の人々のなかで、すでにできはじめていると見ていいでしょう。

ＧＡＦＡ側、あるいはそこでよい仕事をしてきた方たちには不満もあると思います。かつてはＧＡＦＡの先進性が生み出す新しい付加価値や世界観、さらにはそこで働く人たちの働き方やライフスタイルまでもがもてはやされた時期がありました。創業者の人生を描いた書籍や映画がヒットし、入社問題や面接の難しさがもてはやされ、ＧＡＦＡのブランド自体の価値も高まりました。

しかし今は、もてはやしていた人たちがむしろ、ＧＡＦＡを「民主的ではない」と考えていることになるわけです。

私はこれを、あえて軽く考えれば「世の中の変化」あるいは「トレンド」のようなものと捉えてもいいと思います。ある意味振り子のようなもので、一度ポジティブの側に大きく振れると、今度は何かのきっかけでネガティブの側にもその分さらに大きく振れるような動きが作用しているように思います。ＳＮＳの普及は、この動きをさらに強くします。

ＧＡＦＡが善なのか悪なのかを考えることも大切かもしれませんが、少なくとも人々の心がGAFAから離れつつあり、またGAFAを叩くことに反対していない状況は、ウェブ広告やマーケティングを考える上でも重要な判断材料になると思います。所詮トレンドだ、と考えるのは自由ですが、マーケティングにトレンドの判断が重要、有用なことは今さら言うまでもありません。

テクノロジーの高度化がもたらしたもの

ウェブ広告の拡大は、ある意味ではテクノロジーを知る人と知らない人との格差を明確にした、という効果を生んだと思います。

既存のマスコミ四媒体（テレビ・ラジオ・新聞・雑誌）がすべてだったかつてのような時代の、誰の目にもわかりやすい広告戦略とは異なり、ウェブ広告の運用には高度な技術が必要になります。

これは、知識がなく、技術がわからなければ、何をしているのか、そして何をしてはいけないのかも判別が難しくなることを意味します。ごく少数の「強者」がウェブ広告から得られるメリットを半ば独占する代わり、それ以外の圧倒的多数の「弱者」は、いったい何が裏で動いているのか、どういう仕組みやルールで行われているのかがわからない。こうしたギャップや非対称性は、ウェブ広告のシェアが高まり、技術が高度化するほど広がってきたのではないでしょうか。

最近、米国のZ世代の大半は、ブラウザをシークレットモードにしていると聞きます。シークレットモードが本当に「シークレット」なのかどうかにはまた別の議論がありますが、少なくともブラウザの向こう側に、何かはわからないが何かしら怪しい存在がいるかもしれないと、疑心を抱いているわけです。

一般消費者の側に広告を戻すことを「広告の民主化」というなら、ウェブ広告の要であるデータの収集や活用についても、「データの民主化」が行われることになります。「脱クッキー時代」の広告戦略は、この点をよく考える必要があるわけです。

つまり、トレンドにわざわざ逆らう広告戦略は、今後実績を出しにくく、場合によっては不必要なリスクを抱えやすいとも考えられるでしょう。特に、BtoCビジネスを手がける企業の場合はなおさらです。長い時間とコストをかけて築いてきたブランドイメージが、何かをきっかけに急にバッシングの対象になってしまうような事件は、最近例を挙げるのに困らないほど耳にします。

一度消費者が、「搾取されている」「知らない間にひどい扱いを受けている」と感じ始めたら、もはや「民主化運動」は止められないのです。

広告主がかえって自社の価値を下げるリスクも

夜や週末になると、何やら勧誘を行う電話が携帯電話にかかってきて、面倒に感じたり、思わず出てしまってうんざりしたりした経験を持つ方も少なくないでしょう。私もその一人です。

この種の勧誘電話を嫌う理由は、必ずしも、マンション投資に興味がないのにその話に付き合わされるからだけではありません。思いつくだけで、

・そもそも、相手はどこの誰なのか?

・なぜ私の電話番号と名前を知っているのか？　どこから漏れているのか？
・なぜ私を勧誘の対象にしたのか？　職業や所得水準まで知られているのでは？

……このような疑問から、不快なだけでなく、薄気味悪い存在とみなすからです。

私自身は、電話をかけてきた方、営業の仕事をがんばっている方に「罪」はないと考えるほうなので、話には少しでも付き合う一方で、むしろこうした疑問を毎回直接問い返しています。

いつも心に重く残るのは、どこかから私の情報を入手して、営業の方に電話をかけさせている企業の存在です。明らかに私の許可を取っていないのに、個人情報を入手して電話をかけさせる行為を、悪びれることもなく行っている……恐らく合法なのでしょうが、そうした考え方自体に、電話を受けたこと以上の嫌悪感を覚えてしまい、もはやその投資話が本当に有利なのかどうかなど、内容が頭に入ってくることも、是非を判断することもありません。

ということは、もしもこの企業が、本当にお互いがプラスになり得る、よいビジネスを提案していたのだとしても、アプローチの仕方のために、実質的な内容は、検討さえされないわけです。

なぜ長々この話を述べたかというと、同様のケースは、サードパーティークッキーを使ったウェブ広告でも起こり得るからです。

ターゲティングが効きすぎているからこそかえって気味悪がられる、どうやって自分のデータを収集しているのか疑問だ……こう考え始めると、そもそもそんな広告の手法を、しかも広告費を使って利用している企業自体が信用ならない、そんな会社の商品を買うどころか、検討する気にもならない、といった状況を招きかねません。

これではまるで、わざわざお金を使って商品やブランド、そして企業のイメージを自ら下げていることにもなりかねないわけです。

付け加えれば、ターゲティングしているはずが、同じ媒体にネイティブ広告の枠もあり、しかもそこには、人によっては嫌悪感を催しかねない美容系や医療系の広告が出ていたりもします。「毛穴の汚れが……」など、見る人によってはすぐに画面を閉じたくなるような広告の近くに表示されていれば、ますます逆効果です。

こうした例は、たとえば広告モデルに起用していたタレントや芸能人が、別件で個人的、社会的な問題を起こし、急にメディアやネットで叩かれ始めた場合の状況にも似ています。そのタレント自体に悪いイメージが作られると、本来は関係のない商品にもネガティブなイメージがつきやすくなり、最悪は不買運動にまでつながりかねません。

高騰するウェブ広告費、脱クッキーでさらに「コスパ悪化」？

こうした状況にもかかわらず、ウェブ広告の単価はおおむね右肩上がりで推移してきました。

２０２１年にウェブ広告の広告費が既存の四媒体を追い越して以降、この傾向はさらに強まっていると感じます。たとえば、株式会社ＩＤＥＡＴＥＣＨが２０２４年１月に公開した広告施策の実態調査によれば、調査に応じた人の勤務先の広告施策において、２０２３年以前と比較してＣＰＡ（顧客獲得にかかる広告コスト）が「大幅に上昇している」と答えた人が10・２％、「やや上昇している」が48・６％と、合わせて約６割の人が広告費の上昇を実感しているとしています。

私は、ウェブ広告が高騰する背景に、いくつかの論点があると感じています。

まず、ウェブ広告へのニーズの高まり、競争の激化です。ウェブ広告は、ニーズが高まれば高まるほど、高値で入札した人が枠を取れる仕組みです。したがって、需要が増せば、そのまま単価がダイレクトに上がっていく仕組みになっています。

次に、そもそもウェブ広告は効果が測定しやすいため、合理的な価格が算出しやすい、という面を見逃してはならないと思います。

既存媒体の広告は、もちろん視聴率や部数などのデータはあるにせよ、その広告を見てどんな層がどれだけ反応をし、実際にどのように行動して購買などに結びついたかまではほとんどわかりません。

どの番組に提供することが合理的か――、どのタレントを起用することがどれだけコンバージョンを上げるか――、どう組み合わせればいいのか――取得できるデータだけで分析するのは困難で、結局は代理店に任せる傾向を生みやすくなります。

それでも、経済全体が右肩上がりの時代はよかったのだと思います。いい意味での「どんぶり勘定」が許され、古き良き時代のワクワクする広告がこうした状況から生まれたことは間違いありません。広告主の立場としては、テレビや雑誌の制作現場に立ち会い、人気の芸能人と仕事ができて、広告が評判を呼べば、たとえ効果測定ができなかったとしても、十分にやりがいとステータスを満たされる仕事だと感じられたでしょう。

しかし、日本経済の成長が鈍り始めたところにウェブ広告が登場しました。広告費に多くを割けなくなり、ＲＯＩ（投資利益率）を気にせざるを得ないなかで、既存媒体に比べれば当初は費用も手頃、効果も測定できて新しい技術が次々投入されるウェブ広告へのシフトが続いたのは、自然な流れだともいえるでしょう。マーケティングに関心の高い広告主ほど、この点には敏感でした。

この流れは止まらず、今や立場は完全に逆転し、効果測定のしにくい広告になかなかお金が回らない状況が生まれていると感じます。たとえばテレビなら、広告費の低下は制作費の低下を招き、さらに視聴率、つまり媒体としての価値を下げていくという悪循環にはまり込んでしまっているのです。

これは私見ですが、既存の媒体や、それを扱ってきた既存の広告業界には、長年、効果測定を避けてきた面があるのではないかと思います。

背景には、いろいろと事情や都合があるのでしょう。そもそも効果測定できないケースもあれば、効果測定をしたくない場合も考えられます。深読みしすぎかもしれませんが、効果測定はしていても、広告主にそれを知られるとビジネス上不都合や面倒が生じる、といった利害衝突も考えられます。

私たちが、ＡＩカメラを使って、あるウインドウ・ディスプレイの効果測定の実験を始めようとリテールに提案していたとき、反対を受けた経験が印象に残っています。なぜ反対されたのかというと、もともとウインドウ・ディスプレイの販促効果など測定できなくて感覚的なクリエイティブな世界なのに、いざ詳細な数字を出すことで「費用対効果が見合っていないことや感覚的であったクリエイティブの良し悪しが経営陣にバレてしまうのではないか？」という懸念があったからです。

もともと、ウェブ広告だけでは頭打ちだった？

ただ、ウェブ広告の世界にも、その後大きな問題が起きていることは、ここまで見てきたとおりです。

効果測定できるがゆえに、数値を少しでも上げることに必死になるのは当然です。そこで、いかにクリックさせるか、いかにターゲティングの精度を上げるか、そしていか

図表2　インターネット広告が表示された際の行動

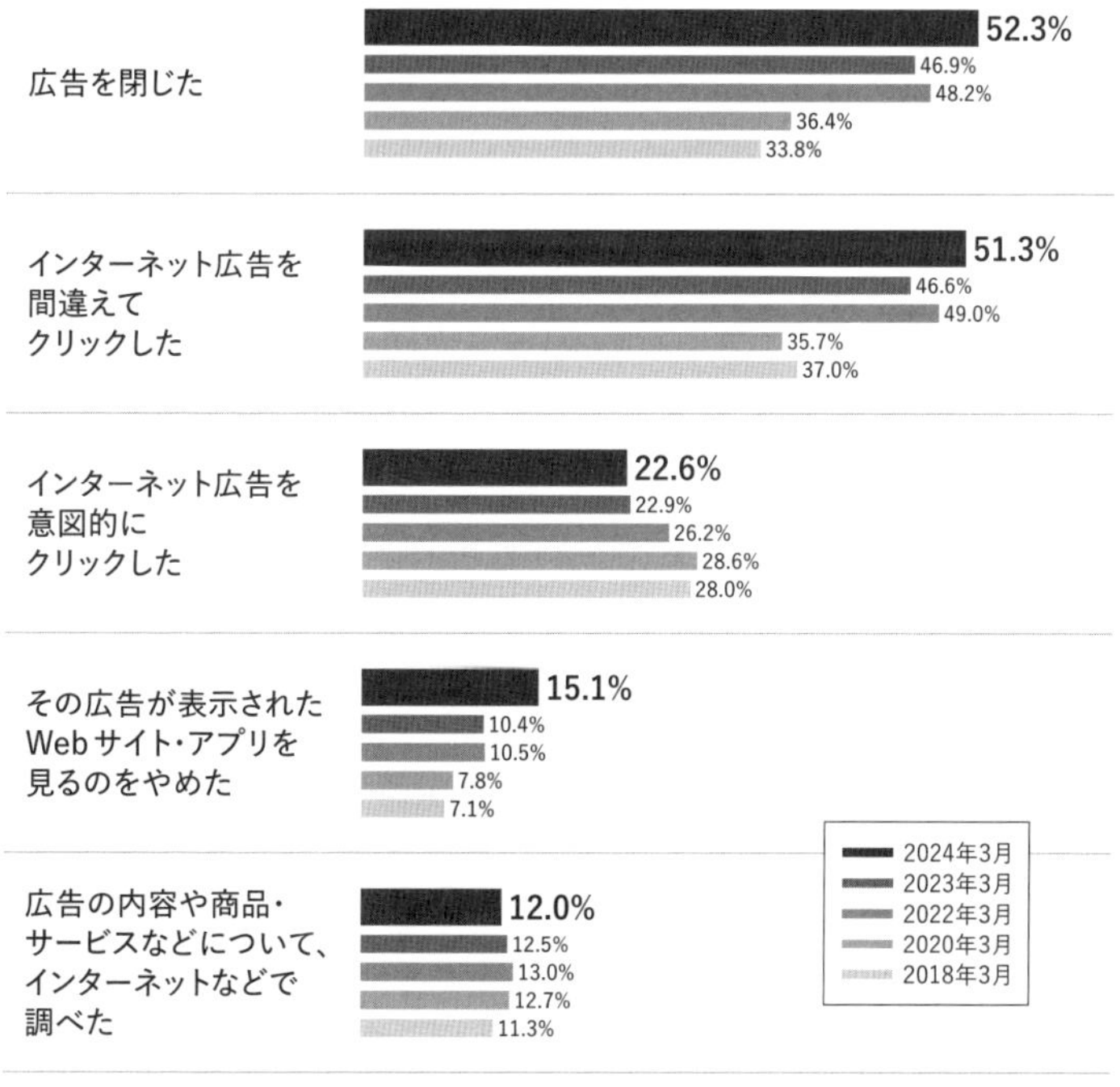

出典：マイボイスコム（株）調べ「[インターネット広告]に関するアンケート調査」より

に効果を高めるかが常に「正解」であるかのようになってしまったわけです。

その上、「脱クッキー」が効果測定を難しくするのであれば、これまでの前提が崩れてしまいます。

そしてもう一つ、ウェブ広告がすでに頭打ちになっているかもしれないという理由があります。

効果測定ができるウェブ広告ですが、実はウェブ広告をクリックしている人は、消費者全体の2割程度しかいない、という調査を見て驚いたことがあります。

マイボイスコムによる調査によると、インターネット広告が表示された際に行ったことを聞いた質問では、広告を閉じた（52・3％）／広告を間違えてクリックした（51・3％）に対して、広告を（意図的に）クリックした人は22・6％しかいないとされていました。

なお、同調査はインターネット調査であって、要するにインターネットを日常的に使っているモニターに対するアンケートです。ネットを使っていてもモニターに応募するなど考えたことのない層もいれば、そもそもネットを日常的に使わない層もいることを考えれば、全体の数字はこれよりも小さいと考えるべきでしょう。つまり実際のウェブ広告は、私たちの考えているほど、消費者に届いていない可能性があるわけです。

ということは、もしかすると、ここまで成長してきたウェブ広告は、実際は2割前後の限られた、あるいはインターネットに親和性の高い一部の消費者を相手にしていただけ、あるいは、ウェブ広告同士の競争は、結局2割のなかでの争いにすぎないのではないか、という仮説が成り立つかもしれません。

あるいはこれは、イノベーター理論できれいに解説できる事例かもしれません。イノベーター理論のモデルにおける、イノベーター（革新者）とアーリー・アダプター（初期採用者）を足した数値は16％です。22・6％という先ほどの調査結果を、高齢者まで含めた全消費者に換算した場合の数値が、ちょうど16％くらいなのかもしれません。

そのように仮定すれば、ここまで成長してきたウェブ広告が、実はアーリー・マジョリティ（前期追随者）からすらも受け入れられておらず、長年キャズム（深い溝）を越えられていない典型例と判断することもできることになります。

アドテクを駆使して効率を追い求めてきたつもりが、実はすごく狭いフィールドで、ひたすら潜在層を奪い合っているだけだった可能性があるのです。同じ対象に同じ手法でアプローチを続けていれば、やがて反応度は下がっていくしかありません。いくらウェブ広告が既存の媒体に比べて新しい存在とはいっても、すでに登場から30年近くの時間が過ぎています。

そこにやってきたのが「脱クッキー」時代です。クッキーが使えなければ、本当のところすでに厳しいマーケットだったウェブ広告で、さらにターゲティング精度が下落することで一段と難しいマーケティング戦略を迫られることになるといえるのです。

このポイントに気づいている広告主や関係者は、決して多くはないと感じます。一方で、状況を認識している人ほど、危機感を持って今後の動き方、新しいメディアを探っているのではないでしょうか。

ウェブ広告に限らず、マーケティングは常に難解です。何が最適なメディアなのか、そしてどう組み合わせることが正解なのかがわかりにくく、状況に応じて答えも変化していくからです。

ウェブ広告の世界は、サードパーティークッキー問題で混乱していますが、結局のところ、広告主が、広告代理店やコンサル、ウェブ広告の事業者に任せて、広告費だけ出していればよかった時代が、いよいよ本当に終わることを意味しているのではないかとも感じます。

言い方を変えるなら、コンサル的思考の限界が来たのではないでしょうか。

ウェブ広告のなかった時代、代理店の提案どおりテレビに出稿していたことも、近年、コスト優先かつ効果測定を高めることだけを見てウェブ広告に頼っていたことも、実は同じ問題なのではないかと感じます。

テレビの視聴率は右肩下がりで、ウェブ広告は信用できないものだらけです。消費者は年を追うごとに広告を信じなくなりつつあります。

広告主にとっては、マーケティング全般への意識を高めながら、自社が行うべき広告に向き合うよい機会になっているとも感じます。どのウェブ広告の効果が高いから、どこが有効だから、こうすればCPAが高くなるから……結局はすべて同じことです。

本当に伝えたいこと、したいことを考えながら、能動的に動ける企業が勝者になる時代が近づいているといえるでしょう。手法や手段ばかり考えるのではなく、伝えたいことや目的に立ち返る必要があるのです。

米国ではなぜリテールメディアが盛んなのか?

頭打ちのウェブ広告に代わる新しい媒体を探す必要があり、ウェブ広告が届いていなかった、手つかずの消費者が8割も存在するのだとすれば、彼らに届く媒体こそがリテールメディアである、ということにもなるわけですが、今までなかなか大きな動きになりにくかった事情があります。ここで、最近に至るリテールメディアの流れも整理しておきたいと思います。

まず、リテールメディアの先進国といわれている米国の事情です。何せ米国のリテールメディアの市場規模は6・8兆円とも分析されています。日本はまだせいぜい数百億円ですから、経済圏の大きさを考慮しても、数十~百倍のスケール感がある計算になります。

ただ、現時点の米国と日本で、リテールメディアの規模を単純に比較することにそこまで大きな意味があるかというと、私は疑問です。なぜなら、米国と日本では消費のスタイルが大きく異なるため、何をもってリテールメディアとするか、あるいはどんなリテールメディアが受け入れられやすいかも異なるからです。その点で、米国のマーケットはリテールメディア化が進みやすく、日本はそうではなかったのです。かといって、米国の手法を日本にそのまま輸入してもうまくいくわけではない……という状況にあったのだと考察しています。

少し具体的に考えてみましょう。米国のリテールメディアで大きな成果を上げているのは、アマゾンという特殊なプレーヤーを省くと、ウォルマートやターゲットなどの小売大手です。彼らが成果を出しているのは、米国では一般の消費者に至るまでEC化率が高いからで、日本の3倍程度にもなります。その背景には、こんな事情があります。

一般消費者がウォルマートやターゲットに行く頻度は、せいぜい週に1回程度です。スーパーが家のすぐ近くにあるケースは稀なので、車で出かけ、大量の商品を一度に買うスタイルでした。そこにEC化、そしてコロナ禍の影響もあって、小売大手のECサイトで買い物をし、自ら出向かずに商品を待つスタイルが普及しました。ECサイトを訪れる顧客が増えることで、小売大手も会員に対するクーポン配布や割引などのサービスを提供し、購買行動を伴ったファーストパーティークッキーを充実させることができます。この環境は、ほかの広告主にとっても大変魅力的です。したがって、リテールメディアとしての発展も促進されてきたわけです。

日本の消費スタイルは大きく異なります。特に人口が多く購買力も高い都市部では、歩いて行ける距離、あるいは日々の行動範囲にスーパーやコンビニエンスストアなどのリテールが多数あり、消費者は1週間に何度も、必要なものがあればその都度店舗を訪れて細かく買い物をします。コロナ禍で通販の頻度が高まったことは同様でしたが、アフターコロナではほぼ元のスタイルに戻っています。

もちろん、日本の小売大手も独自の会員システムやアプリを展開していますし、そこに他社の広告を受け入れる余地もありますが、必ずしも一般に広く普及している仕組みにはなっていません。

リアルな購買が多い日本と、そうではない米国では、リテールメディアのあり方も大きく変わってくることになります。日本にも、たとえばタクシー広告やエレベーター広告といった、独自のリテールメディア業態は存在しているのですが、大きく広がっていくことには壁があったのです。

日本の市場には、ウェブ広告に反応しない8割の消費者が手つかずで残っている、という仮説には、大きなポテンシャルが残されている一方で、技術面でなかなか手が届きにくい難しさが背景にあったことは確かです。

まず、根本的な話として、日本のリテール自身に、小売業以外の発想が乏しかった、言い方を変えれば小売業を維持していくことで手一杯で、リテールメディアなどの周辺部に展開する余裕がなかった、という問題があります。

毎日これほどお金を使う意思を持った人が集まり、行き交っているのに、この人流自体を価値に変えようという話になかなか乗ってくれないもどかしさがありました。今では、気づいてくれる方々が増えていることは間違いありません。

もう一つは、技術的な限界です。この本では、次の章でＡＩカメラとデジタルサイネージのこれまでと今後を解説していきますが、リテールメディアが語られ始めた当時、特にコロナ禍前の段階では、技術面、実用面もさることながら、リテール側の理解も現在に比べれば不足していたため、なかなか話が進まなかった面があります。ということは、ウェブ広告のような効果測定が、当時はそこまで簡単にはできなかったというわけです。

リテールメディアは日本でこそ生かしやすい

しかし、技術の進化や理解が進み、特にアフターコロナはいくつかの意味で日本のリテールメディアを後押しする状況になりました。

その詳細は次の章に譲るとして、日本で本格的なリテールメディアが普及するとすれば、たとえば米国と比較して、次のような違いがあるのではないでしょうか。

- 米国のリテールメディアはリアル空間での対応を代替するものだが、日本のリテールメディアはリアル空間と併存するものだ
- 米国はリアル空間が減っていくだろうが、日本ではそうではない
- 米国よりも日本のほうが、EC化率は低い
- 米国よりも日本のほうが、リアル空間が魅力的で、細やかな現場対応能力が総じて高い

日本で実際にお店に行って買い物をすると、楽しいと感じることが多いのではないでしょうか。米国を始め、本来のスーパーマーケットはもっと倉庫然としていて、ホスピタリティーなどはほとんど期待できず、安いモノを大量に購入する場なのに対して、日本ではスーパーやコンビニだけを見ても、細かに工夫された陳列やフェア、新商品や季節を感じる楽しさ、そして何より、「お客さま」として大切にされているという安心感を感じられます。あえて比較すれば、最近のウェブ広告に人々が感じているような、「だまされているのではないか？」という疑心が生まれることは、ずっと少ないといえるのではないでしょうか。

日本のリテールメディアは、こうした日本のリアル空間の楽しさ、良さを映すものであるべきですし、そのようななかに、効果測定の技術を持ち込めれば、今まではウェブ広告に反応してこなかった消費者にも振り向いてもらえるのではないでしょうか。

リアル空間に新しい価値が生まれ、苦戦が続くリテールにも収入源になる

「脱クッキー」はリテールメディアを考え、発展させるよい契機になると思いますが、もともと日本のリアル空間には今までもウェブ広告が届いていなかったのですから、状況としては、偶然に別々の事象が同時に起きている、と考えたほうがむしろ適切なのかもしれません。

リテールは、もともと利益率の高くない業態です。そこにインフレとデフレのはざまでいっそう状況は厳しくなり、人件費の上昇だけでなく、採用自体も難しくなってきているのが現状です。

無論、どの事業者も、この状況を改善しようと必死に取り組んでいます。それでも日本のリテールでこれ以上の付加価値をつけることは、困難だと感じている方が多いのではないでしょうか。

その改善策の一つは、たとえばデジタルサイネージを活用した自社商品の販売促進でした。デジタルサイネージの活用例なので、これをリテールメディアだと考える方もい

るかもしれませんが、私は同一視すべきではないと思います。

販売促進はあくまで販売促進費のなかから行われていることであって、それによって自社の売上が増えることはあっても、その空間が広告メディア化され、新しい付加価値が創出されているとはいえません。

しかし、もしもそのデジタルサイネージに、消費者に合った広告を表示できたら——、消費者にも喜んでもらえるメリットを提示しながら、お店の商品とは関係のない広告主へと誘導できたら——、リテールのリアル空間が持っている価値は大きく変わります。

お客さまを集めたい、お客さまをもてなしたいという一心で作り上げたのが集客や人流の上にリテールメディアが展開されていることで、新たな価値を生み出せるようになるからです。

そして、本当のインパクトは、個々にリテールメディア化したリアル空間同士が、面としてつながり、ネットワーク化されたあとに訪れるでしょう。

たとえ数十店、数百店のリアル空間を持つ企業であっても、1社で展開するリテールメディアのメリットには限界があります。なぜなら、広告主は、その企業の顧客にしか訴求できないからです。

しかし、もしも多種多様なリアル空間が、ひとつながりのリテールメディアとなった場合はどうでしょうか。地域で区切ることも、年齢で区切ることも、商品で区切ることもできるようになります。

これはあたかも、ウェブ広告がしてきたターゲティングに似ています。それに近いことがリアル空間で展開できるとしたら、リテールメディアでの広告展開も、ウェブ広告のように、柔軟でいろいろな魅力が発揮できるようになるはずです。大きな金額で大規模に展開することもできれば、ごく手頃な金額でローカルにだけ訴求することもできることになります。

「おもてなし」がマネタイズできるかも？

もう一つ、日本でリテールメディアが独自の発展を遂げていく可能性を感じている理由があります。いわゆる「おもてなし」です。

リテールメディアのなかで、日本の「おもてなし」の感覚を表現し、展開することができれば、もしかすると、「おもてなし」そのものがマネタイズ（収益化）できるかもしれません。

たとえば、ごく少数の顧客を相手に、個人で経営しているニッチな店舗があったとしましょう。

彼らの手がけているビジネスは、規模が小さく、また一般的なものではありません。こうした領域は、たとえばＧＡＦＡでは決してカバーできるものではなく、手も出してきませんでした。

インバウンド全盛の今、彼らが海鮮丼や旅館に日本人の感覚では信じられないレベルの金額で「コンバージョン」するのは、もしかしたらそこで展開されている無形のサービス、クオリティーや安全性、清潔さなどへの信頼や、ホスピタリティー、顧客を大切に尊重する姿勢といった、いわゆる「おもてなし」があるからこそなのではないかと思うのです。

私たち日本人は、ある意味では「おもてなし」には価格をつけません。自分がすることも、誰かにしてもらうことも当たり前で、そこに値段はつかない、つけてはいけないと考えているからです。

しかし、外国人はそうではないかもしれません。立派なランチが1000円で供給されて、その上サービスもしっかりしているなど、彼らの常識ではあり得ないことで、2000円、3000円支払うことで行列をスキップできたり、さらに特別な扱いを受けられたりするのであれば、喜んで応じるかもしれません。

これからの日本経済の発展には、インバウンドの消費を増やすことは欠かせないと思います。先ほども記したとおり、日本が提供するサービスや安全性、清潔さなどは、非常に質が高いといえます。とはいえ、日本人からすれば、当たり前すぎるため、妥当な価格設定とはいえません。

そこで、グローバルの視点での妥当な価格かつリテールメディアを通じて、訪日外国人に最適な行動を推奨していくことで、日本での旅行体験を最高で最適なものにできるのではないでしょうか。また、誰もが幸せになる最適な消費活動も生まれて、日本経済の活性化につながる可能性も秘めていると思います。

たとえば米国人の発想でリテールメディアを作り込む際は、こうした要素を実装しようという発想自体が起きにくいのではないでしょうか。恐らく、GAFAであっても同様です。Ａｍａｚｏｎ Ｇｏ（Ａｍａｚｏｎ．ｃｏｍが運営する無人店舗）の事実上の失敗は、ＧＡＦＡといえども、リアル空間に消費者が何を求めているのか、何をすればコンバージョンしてくれるのか、技術だけでは解決できない難しさがあることを示唆しているのではないでしょうか。

日本人のよさ、ポジティブな意味での日本っぽさをうまくリテールメディアに落とし込み、実装できれば、単なる広告メディアにとどまらない、日本発の新しいリテールメディアが構築できるのではないかと思います。

期せずして、リテールメディアが脚光を浴びタイミングがやってきました。続いては、リテールメディアは最近どうなっているのか、技術的、社会的な背景と併せ、現時点で何ができるのかを見ていくことにしましょう。

第2章

ここまで来た！リテールメディアの技術とデータ

急激に進化するオフラインのリテールメディア

この本で主に解説するのは、現在リテールメディアと呼ばれている分野のうち、いわゆる「オフライン」に関するものです。

ここでいう「オンライン」とは、主に、第1章でも見てきたような、大手小売が自社ECサイトやアプリなどで展開しているウェブ広告を指します。それが日本ではなかなか伸びていないことは、すでに述べたとおりです。

一方、本題の「オフライン」とは、店舗などのリアル空間で直接お客さまに対して展開されているリテールメディアです。

現在では、店前の交通量、入店数、店内の動線、掲示物や商品など視認情報、デモグラフィック、そして実際に何を購買したかまで、プライバシーへの十分な配慮と両立させながら、かなり詳細につかめるところまで技術的に発展しています。

もうお気づきの方もいるかもしれませんが、これはウェブ広告の得意技、専売特許だった状況に近く、要するにクッキーに書き込まれてきた内容を、リアル空間の動きでも実現するものです。つまり、こうした技術によって、本書のテーマである「オフライン」=リアル空間のリテールメディア化は、急速に現実性、実用性を高めているわけです。

この章では、リアル空間のリテールメディア化を支えている技術のうち、特に重要な3つについて、ここ数年の現状をご紹介します。

単に技術面、機能面で要求を満たせばいいというわけではありません。リアル空間は文字どおりリアルの世界で、そこには働く人も、お客さまもいます。ウェブ広告とは違い、何かの機能を作るには、実際に人が出かけていって設置しなければなりませんし、継続して安定運用することも、データを集めて分析し、PDCAサイクルを回すことも不可欠です。どれか一つ欠けただけで、リアル空間でのリテールメディアは成立しないと言っても過言ではないでしょう。

リテールメディアを支える技術は、とりわけコロナ禍を挟んだここ数年で、大きく進歩しました。技術とは主に、

- AIカメラ……AIを搭載し、映像をただちに分析できる
- デジタルサイネージ……主にディスプレイを用いて情報を表示する

・ビーコン……壁や天井などに取り付け、来店者の動きを把握する

の3つを指します。

そして、それぞれが連関できること、あるいは組み合わせる技術が発展したことが、今、リテールメディアの可能性を大きく広げています。

たとえば、頭上にあるAIカメラは、意識しない限りなかなか確認することはないとしても、防犯などの目的から店内や来店者をカメラで捉えたり、店頭で主に販売促進のためのデジタルサイネージを活用したりするような事例は、かなり以前から実用化されています。そこに、AIなどの技術、データ分析、そして複数のデータを組み合わせることができるようになって、状況は大きく変わったというわけです。

この点では、私たちLMIグループの「看板屋」たる現場対応力が力を発揮するのですが、今に至る流れは決して簡単な道筋ではありませんでした。もはや笑い話になっているようなエピソードや、リアル空間をリテールメディア化していく過程で起きたさまざまな事象についても、失敗談も含めてお伝えしていきましょう。

AIカメラvs.「長年の勘」

たとえば、単にAIカメラを店頭に付けたとしましょう。現在では、それだけで来店者の把握や客数だけでなく、その方がどんな属性なのか、デモグラ情報が自動で取得できることになります。

私たちLMIグループは、かつて実店舗をチェーン展開するリテールビジネスを自ら行っていたのですが、そこにAIカメラを導入することで、従業員による、いわゆる「長年の勘」が真実なのか否かが、明確にデータで検証できるようになりました。何時頃、何歳くらいと思われる人が何人訪れるかは、かつては正確に把握したければ出口調査をするしかありませんでした。

当社では、こんな事例がありました。本部主導で店舗のデザインやディスプレイ、商品の置き方を全店で統一し、効率化を図ろうと提案したところ、一部のベテラン店長から反発を受けました。自分は長年この現場を見ていて知っている、自分の店舗では自分の判断で店舗価値が最大になるよう工夫していると主張して譲りません。

そこで、ＡＩカメラを取り付けて、両パターンを試し、実際に甲乙を判別してみたところ、本部主導、全店統一のほうが明らかに成果が大きいことが証明されました。


よくある話ですが、「現場の神」のごときポジションを築き、頑固一徹、過去の経験だけで戦略戦術を主張する人がいます。実績があるからこそ、その地位を獲得しているのでしょうが、時には主観的、定性的な施策にこだわることもあり、周囲の人は当惑もするでしょう。かといって、定量的で目に見えるデータがなければ反論することも難しいわけです。

もっとも、「長年の勘」がすべてデータで駆逐されるわけではありません。ある大手ファストフードでの事例では、ベテランの勘が、データによって見事に証明されたケースもあります。

ただいずれにしても、客観的なデータで検証されることの重要性は高まっていると言えるでしょう。今の時代、店長の「長年の勘」をどうやって後進に継承していくのかは極めて難しい問題ですし、リテールの現場では人手不足もあって外国人の活躍も目立ち始めています。文化的な背景が違えば、「勘」で指導・監督し、「背中を見せて覚えさせる」ことはますます難しくなるでしょう。すべてを「当て勘」で片付けてはいけない時代になってきているのです。

コロナ禍前後でAIカメラの何が変わったのか?

AIカメラは、少なくとも日本では2010年代前半頃から徐々に普及してきた機材です。私たちは、ごく初期から手がけています。

大変便利で、リテールメディアの今後を考える際は欠かせないアイテムですが、「市民権」を得たのはごく最近になってからと言えます。

大きな理由は、AIカメラを設置することに対するリテールの抵抗感が強かったからです。

これもまた、当社グループ会社の実例なのですが、店舗にAIカメラの設置を進めていったところ、従業員からは別の観点でのハレーションを訴える声が上がりました。

「お客さまから、『一体何を撮っているのか?』と聞かれて困惑した」
「私自身、お客さまの顔を勝手に撮影するなんて、どうかと思う」

……こうしたものです。

この観点は、理解できるものです。たしかに、ＡＩカメラで個人情報を入手することはできますが、当然許可が必要になります。あとで述べるようなデモグラに応用できるのはあくまで匿名、個人が特定されないレベルのデータです。

それにもかかわらず抵抗があるのは、ＡＩカメラがどういうものか理解されていない、あるいはそもそもＡＩカメラが何かを知らないからなのですが、かといって来店客にいちいち断りを入れるわけにもいきません。

私たちが顧客にＡＩカメラの有用性を説明し、ひとまず試しに設置してみることをすすめても、社外のリテールで、ＡＩカメラを導入させてくれる企業はほとんどありませんでした。

そこで、まずは自社の現場で試行したわけです。

しかし、現在ではこうした話はほとんど聞かなくなりました。その理由は、ＡＩが発

ヘッドカットマネキンの上方にAIカメラが設置されている

達したからでも、カメラが小型化したからでも、ＡＩカメラに対する知識が増え理解が進んだからでもありませんでした。

実は今まで述べたエピソードは、コロナ禍よりも前のことだったのです。

新型コロナウイルスの影響で、人流は一時期急速に萎縮し、その後少しずつもとに戻る過程をたどりました。この間、世界中でさまざまな対応が行われ、また新しい技術や機器が注目されて投資が行われたわけですが、特に大手リテールの店頭には、ほぼすべてと言っていいレベルで、体温を測定するカメラが設置されたのです。

なかには消毒液のディスペンサーと一体に

なっているものもあり、手を消毒している間にカメラをのぞき込むと体温が表示され、来店客がそれを自ら確認するような流れが一般化しました。

実はこの一連の手続きが、ＡＩカメラ設置、そして来店客がカメラに撮られることの抵抗感、拒否感を大いに減少させた……というのが、私の仮説です。

もっとも、統計的なデータはありませんが、少なくとも私たちのビジネスにおいて、ＡＩカメラで来店者を撮影することへの抵抗を感じなくなったことははっきりしています。そして、社外の顧客にもＡＩカメラの設置をおすすめしやすくなったのです。

さらに、設置数が増えることで教師データ（ＡＩの機械学習において、例題と正解がペアとなっているデータ）も急増し、並行してＡＩ自体の精度も高まったことで、ＡＩカメラの実用性は一段と高まっていたわけです。

データとして参考になるのは直近3〜4年分だけ

少し横道にそれますが、流れ上、重要なポイントを二つ、指摘しておきたいと思います。

今述べたように、AIカメラによるデータ取得は、社会的な背景や技術的な理由で、コロナ禍の最中からアフターコロナにかけ、急速に伸び、厚みを増していくことになりました。

私は、AIカメラを社会が急速に受容したこのタイミングで、同時に、リテールのリアル空間における人流の規模や質自体も、大きく変化してしまったことを意識しなければならないと考えています。

アフターコロナもすでに定着し、見た目の上では、2019年以前と変わらないような日々が戻ってきたと感じている方も多いでしょう。

しかし、よく考えればわかるとおり、コロナ禍前はほとんど普及していなかったビデオ会議は当たり前になり、在宅勤務も珍しくなくなりました。もっとも直近では、在宅勤務をさせる、させないで議論が起きてもいます。

この本は働き方について論じるわけではありません。ここでまず指摘しておきたいのは、昨今、かなり復元したとはいえ、人流を削る流れは一定程度定着し、恐らくもう二度と戻ってこないかもしれない、というポイントです。もはやはっきりしてきたのではないかと感じています。

鉄道利用の流れなどから考えると、最悪期からはかなり戻ったとはいっても、都市部の人流はコロナ禍前の9割くらいでほぼ頭打ちになっています。残りの1割は、恐らく先ほど指摘したような、コロナ禍以降一般化した技術や文化によって減少したと判断せざるを得ません。

多くのリテール企業は、恐らく当初はコロナ禍前と同等のレベルを取り戻し、そしていずれはコロナ禍前を超えることを目標として努力してこられたと認識しています。

しかし、それはもしかすると、もう難しいのかもしれません。

無論、インバウンドなど新しいプラス要素はあるでしょう。しかし、コロナ禍前との比較で1割の客数、人流が今後も戻らない状況は、一般的な感覚よりもずっと深刻です。利益率数%で戦っている多くのリテール企業にとって、人流10%減は、ある意味致命的な悪影響になりかねないわけです。

そしてもう一つは、人流が変わってしまった以上、少なくともコロナ禍最悪期以前の人流データは、もう役に立たないという事実です。

これは、いわばデータの「質」の問題とも言えます。過去の経験則、過去の消費パターンは、コロナ禍を経ていったんリセットされたと考えるべきで、結局はアフターコロナが本格的に始まった2023年頃からのデータを、ゼロから集めて分析していくしかないわけです。

ただし、同時にデータを集める機器やAI、そして分析のノウハウは発展し続けているため、短い期間とはいえ、うなぎ登りの勢いで定量データの質は上昇しているとも感じます。

リテールにとっては、いかにこの点に早く気づけるか、そして自社、自店にとっての「ニューノーマル」をどうやって確立するかが、付加価値を増すための大きな経営判断の潮目になってくるのではないでしょうか。

AIカメラ×デジタルサイネージという組み合わせ

話をもとに戻しましょう。リテールメディアを支える3つの技術を紹介しましたが、特に最近は、複数の機器をかけあわせたり、複数の機器で得られたデータを相互に組み合わせたりすることで、今まではわからなかった、とても興味深い分析ができるようになってきています。

その代表的な組み合わせが、「ＡＩカメラ×デジタルサイネージ」です。デジタルサイネージの中にＡＩカメラを取り付けることで、お客さまのデモグラだけでなく、意思や行動、そのあとの購買まで結びつけやすくなるのです。

客数と注目度の調査に関してなら、たとえば大型の屋外広告モニターと、携帯電話のＧＰＳや衛星画像という組み合わせでも、データを得ることができます。人流の多いところに設置したモニターに、どういった広告が流れているときに最も人が滞留するか、モニター前の人数が多いかを、連続して観察することができます。

ただし、あまりに人流が多い場合では、本当に表示されている広告の内容に注目しているのか、偶然その場に立ち尽くしているだけなのかを判別することは容易ではありませんでした。

ところが、より詳細なデータ収集が、店頭に設置されたデジタルサイネージでは一人単位で可能になるわけです。

AIカメラ付きのデジタルサイネージ

デジタルサイネージの前に立った人が、より興味を示す広告のクリエイティブはどれか、ということだけでなく、最初に注目するのはイメージタレントなのか商品名なのか価格なのか、先に出すならどちらなのかを判別することもできます。なぜなら、ＡＩカメラで視線を追えるようになってきているからです。

さらに、たとえば10代女性と40代男性で比較することもできます。仮に10代女性はイメージタレントに反応し、40代男性は商品名に反応しやすいことがわかったとするなら、クリエイティブを別々に作っておき、ＡＩカメラでデモグラ情報を取得するや、ただちに親和性の高い表示内容に替えることも可能です。

この組み合わせが可能になったのは、ＡＩ

カメラの精度が急速に伸びてきたことが大きいと感じます。ものの数秒で写した対象を判断できるため、自然に親和性や購買に至る確率の高い内容に差し替えられるわけです。付け加えると、ここ最近、デジタルサイネージに用いるモニターやディスプレイの質が向上しながら、価格がこなれてきたことも、こうした動きを後押ししています。

デジタルサイネージには液晶もしくはLEDが使用されますが、液晶は安い半面輝度が低く、特に昼間、屋外でのいわゆる「日光可読性」に難があります。一方でLEDは昼間でもよく見えますが、高価格です。

このうち、特に液晶の価格が最近急速に下がってきており、屋内でデジタルサイネージを展開する場合には、初期費用の面でもかなり手頃になってきています。

AIカメラでこんな応用ができる

実際にデジタルサイネージをのぞき込んで興味を示したお客さまが、その後どう動いたか、実際に購買に至ったかについてですが、これもやはり、複数のAIカメラとビーコンの組み合わせでデータを集めることができます。

店頭のＡＩカメラ×デジタルサイネージで広告を見て入店した人がいたとします。この時点で、ＡＩカメラは顔認識を行い、顔の数十カ所のポイントでほかの顔との違いを判別できる「特徴点」と呼ばれるデータをＡＩで分析し、仮のＩＤを付けてユニーク化(無駄な重複をなくして一つにすること)しています(「視認を取る」と呼びます)。

そのお客さまが入店すると、店内の別のＡＩカメラが保存された特徴点と一致する人物を認識すると同時に、柱や壁、天井などに設置されているビーコンや、天井のＡＩカメラとも同期させることで、動線を追いかけることが可能になります。

さらに、陳列棚や店内の販促物などの単位でＡＩカメラを設置しておくと、そのお客さまが何に興味を示し、何には示さなかったかもわかります。

そして最後は、実際に購買に至る様子をＡＩカメラで捉え、購買に至った売上データと結びつければ、最初にデジタルサイネージのＡＩカメラで認識された人がその後どんな行動を取ったのか、かなり細やかに把握することができるわけです。ここまでくると、リアル空間でも、ウェブ広告に匹敵するデータが、手間をかけることなく集められることがわかります。

クッキーであれば、どのようなサイトを見たかが重要なデータとなりますが、天井にAIカメラを取り付けたり、ビーコンと組み合わせたりすれば、店内の人の移動データを集積して、ヒートマップを作成することもできます。明らかにお客さまの注目度が高い売り場や棚、そうではないところが一目瞭然で、レイアウトを変更した場合、変更前と変更後のデータを比較することもできます。こうして、陳列棚や販促物の位置や規模、動線を改善することもできるようになります。しかもこれは、ある程度の人流さえあれば、ほんの数日のデータでも分析可能で、PDCAのスピードを向上させます。

ちなみに、天井に取り付けたAIカメラだと顔を認識することは難しいのですが、撮影時の画像の跳ね返りを利用して身長を割り出し、そのほかのカメラから得られたデータと照合するようなこともできるようになってきています。また、現時点で言えば、デモグラ情報にはある程度の誤差率があることは否めません。ただ、ヒートマップのような集合データにする場合はほとんど影響を受けませんし、またAIカメラ自体も今後さらに進歩していくため、今後はいっそう正確さを増していくことになるでしょう。

こうして、かつては経験や勘に頼っていた人流や行動が可視化され、POSデータ程度しかなかった購買データとも直結できるようになったわけです。こうしたデータ取得の仕組みは、ほんの少し前までは技術的に不可能だったことです。

特に顔認識は、まさにここ1～2年で急速に伸びている技術です。わかりやすい例では、いわゆるＶＴｕｂｅｒが用いているアバター用のツールなどで活用されています。実際の人物の動きに対して、架空のキャラクターの動きがほとんどタイムラグなく付いていくことができるレベルになっています。ＡＩカメラにおける顔認識も同様で、画質に問題がなければ、それこそ1秒もかからずにユニーク化でき、デモグラを判別できます。実際には、数秒間動画を撮影し、そのなかで画質のよい画像を使用して判別しています。

瞬時で可能になったのは、カメラの性能だけでなく、クラウド側での処理速度の向上や画像判別ＡＩの性能向上などが、同時に起きているからこそです。

デジタルサイネージの配信内容を格納し、替えるためには、実際に表示する機器側にＳＴＢ（セットトップボックス）、表示をコントロールする配信側にＣＭＳ（コンテンツマネジメントシステム）が必要ですが、こうした仕組みもクラウドの導入などで使いやすくなり、また遠隔操作もできるようになってきており、ウェブ広告を運用する際の感覚に徐々に近づいています。また、最近は、業務用のＷｉ－Ｆｉの普及や、ＳＴＢとＣＭＳが同一端末上で動くタイプも出てきて双方をＷｉ－Ｆｉで接続する必要がなくなるなど、ますます利便性が向上しています。

進化し続けるリテールメディアの顧客対応

ここまでは、単独のリアル空間における流れをベースに例を示してきましたが、もっと広く、あるいは長く活用することも十分に可能ですし、また、消費行動を豊かにしながら、売る側も買う側もよい経験を高めていける、大きな可能性を秘めているとも感じています。

たとえば、同じ店舗に週2～3回来店して、まとまった額を購入してくれるお客さまがいたとします。個人経営など、常に同じ方が接客しているなら、やがて顔なじみになるでしょうし、ありがたいリピート顧客ですから、軽く雑談を交わしたり、多少のサービスをしたりもするでしょう。これもまた、リアル空間ならではの楽しみです。

この状況で、ＡＩカメラを設置してデータを活用していると、同様の認識を大いに助けてくれることになります。

何度も来るお客さまの顔は、名前こそわかりませんが、ユニーク化されたコードによって認識されているため、さかのぼってどのくらい来店しているか、どんな来店パターンなのかを確認、分析することができます。そして、実際に何を、どのくらい購入したかも、たちどころにわかります。

これはＥＣサイトにおける「購入履歴に基づくおすすめ」のようなことが、リアル空間でも時間をかけずに可能になることを意味しています。ほかのデータと照合しながら、店頭のデジタルサイネージにおすすめを表示したり、直接口頭でアプローチしたりすることもできるでしょう。ＥＣサイトがひと通り普及したなかで、わざわざリアル空間を好む人にはそれなりの理由があるかもしれませんので、こうしたコミュニケーションが売上を高める助けになる可能性は十分あります。

見方を変えれば、こうした接客方法は、富裕層向けの高級店で、経験も知識も豊富な担当者が行うような接客を大いに助けてくれることになります。ＡＩカメラや、クラウドに蓄積されたデータを参照することで、記憶や勘に頼らずとも、ごく少人数で大切なお客さまそれぞれに、細かくカスタマイズした接客ができるわけです。

ＡＩカメラがさらに発展すれば、来店客の感情を読み取る確率も上がると思います。洋服店や家電量販店などで典型的ですが、声かけを待っているお客さまと、かけてもらいたくないお客さまの判別はなかなか難しいものがあります。やみくもに声かけをすれば不快に思われ、人件費もかさむ一方で、あとひと押し、あと一つの情報提供だけで購買に至る状況の顧客を見逃すのはもったいない話です。感情が読み取れるようになれば、効率が飛躍的に改善するかもしれません。

想像を豊かにすると、やがてはＡＩカメラ付きのメガネ型ディスプレイでお客さまを顔認識すると、即座に必要な情報や分析結果が表示され、しかもお客さまには意識させない形で、ごく自然に対応ができるかもしれません。

さらに言えば、今後はむしろ来店客側が積極的に顔認識に協力するようなシチュエーションも作り出せるのではないでしょうか。会員になる、アプリに登録する……といった動きと同時に、顔写真を登録してもらえればリワード（特典）が得られ、「顔パス」の対象となること、さらに店頭でもスムーズに効率よく買い物ができ、どの店員であっても安心して任せることができる……などと提案することも、アフターコロナの今、十分に現実味がありますし、新鮮な世界観が作れると感じています。

会員情報などのＣＲＭ（顧客情報管理）や、ポイントプログラムなどの対応は、多くのリテールで導入されていますが、果たしてそれが本当に効果を発揮しているのか、ポテンシャルを生かし切れているのか確信を持てていない企業も少なくありません。そうした既存の情報もまた、今後取得できるようになるデータと組み合わせることで、新しい価値を発揮していくと考えられます。あるいは、超高級店のように、そもそもＣＲＭを導入しにくく、従業員の経験と記憶だけで顧客を認識していた業態でも、ＡＩカメラがあれば、より深く、そしてより大勢の顧客を満足させる対応が実現できるかもしれません。

日本経済活性化の起爆剤となり得るリテールメディア

別のアプローチも述べておきましょう。複数の店舗にまたがってＡＩカメラやデジタルサイネージ、ビーコンを設置し、個々のデータを組み合わせることも、今後は十分に実現可能性があると考えます。すると、どのような世界が生まれるでしょうか。

たとえば、商店街やショッピングモールを想定します。すべての店舗にＡＩカメラ、デジタルサイネージ、ビーコンを取り付けるだけでなく、商店街の道路やショッピングモールの通路にも同じように設置したとします。屋外の場合であれば、衛星画像なども役立つかもしれません。

こうして同時にデータを取得、分析すると、来店者の動線を、ほかの店舗と合わせて分析可能になります。どの店舗とどの店舗の親和性が高いか、顧客の行動からはっきりと傾向を読み取ることができるはずです。

そこで、ある店舗の来店客に、デジタルサイネージを通じて、自店の販促物だけでなく、親和性の高い別店舗のお知らせを提示するようにすると、どうでしょうか。これはまさに、クローズドのリテールメディアが成立することを示しています。

視認データを取ったあとで実際に来店して購買を行ったら広告料を支払う、あるいはＱＲコードでクーポンを提供し、使用されたら広告料を支払う、などの仕掛けが考えられます。お客さまには、割引クーポンの提供や、商店街やモール単位でのポイント付与などのリワードを示せれば、まさに全員がWin-Winになり得ます。買い物が1カ所で、そして効率よく済ませられることもまた、お客さまに提供できる無形の価値となります。

インバウンドにも応用できそうです。アプリなどと外国人に対応できる店舗やアトラクションを連携させ、各店舗にAIカメラやデジタルサイネージも取り付けます。日本の文化や接客を気に入り、数千円の海鮮丼やラーメンでも、よいものならお金を払う外国人観光客なのですから、もしかすると本当はもっとお金を使ってもいいつもりでいるのに、「使うところがわからない」「使うチャンスに恵まれていない」だけなのかもしれません。そこに、やり取りの簡略化やさまざまな言語的な支援やベネフィット、最適な動線を提供することで、「気持ちよく、スムーズにお金を使ってもらう」世界が作れると思います。

想像をたくましくすれば、完全自動運転が実現したあとの世界で、さらに効果を発揮するのではないでしょうか。自分のしたことの履歴データや今したいことと、外部のデータを連携させると、車が行きたい所に連れて行ってくれて、自分に合った体験ができるというわけです。反対側から見ると、完全自動運転が実現して多くのモビリティーがシフトしたタイミングで、運転と連携させられる人流データを握っている人が、その後の消費社会を制覇する可能性もあるのではないでしょうか。

さまざまなシーンで、個々の店舗の魅力をつなげながら、地域商圏、そして日本経済全体の盛り上げに役立てられるかもしれません。最近は各地域で、商圏の盛り上げや魅力作りが課題になっていますが、リテールメディアは親和性が高いと思います。

ここで述べたこと以外にも、まだまだ隠された「鉱脈」が眠っているのではないでしょうか。

リアル空間の分析はウェブ広告にどんどん近づいている

想像以上に、リアル空間でも詳細なデータが取得でき、さまざまな応用方法があることがご理解いただけたのではないでしょうか。

リアル空間での膨大なトラフィック（往来）から、トランザクション（商取引）、コンバージョンに至るまで、さまざまな角度から、しかも人力に頼らず自動で、短期間でデータを集められるようになりました。

これまではウェブ広告だけの強みだった効果測定に、リアル空間でもかなり近いところまで迫れるようになってきています。ほぼ同じレベルまで引き上げられる日もやってくると感じます。

今までは効果が測定できないために分析の対象外だった、日本で言えば8割ものお客さまに対して、しっかりとデータを取り、分析を行った上で新しい知見を得たり、既存の常識を検証したりしながら、戦略を考え、成果や改善点を導出できるところまで近づいていているというわけです。

そして、ウェブ広告が届いていなかった人々の行動を、ウェブ広告が得意としてきたような手法で分析でき、その上でその人たちに情報を提示できるようになります。非常にパワフルで、ポジティブな可能性に満ちていると思います。

さらに、アフターコロナ時代の厳しさに直面しているリテールを効率化し、リテールメディア化することでリアル空間の価値を別の形で付加価値に変えられる、新しい可能性の扉が開きつつあります。これは、高いクオリティーのリアル空間を持ちながら、低成長率に直面している日本経済全体にとっても、大きな後押しになると思います。

最終的には、消費者も、リテールも、広告主も、お互いに納得の上でメリットを得られるような、新たなデータ共有の形が作れると感じています。

この動き自体は、何も「脱クッキー」を見越して起こってきたわけではなく、あくまで同時並行的に進んでいただけです。ただ、「脱クッキー」の流れによって、リアル空間の価値、そしてリテールメディアへの注目度が高くなったことは間違いありません。

第3章では、実際にLMIグループと協業したさまざまな企業の事例や取り組みをご紹介していきます。

「看板屋」ならではの知見

リアル空間において、ウェブ広告に近い形でデータを取得するための技術について、概念としてはご理解いただけたのではないかと思います。

一方で、リアル空間には、リアル空間ならではの、運用面での特徴や難しさがあります。

ここに、私たちが昔ながらの「看板屋」から始まり、店舗デザインをはじめリアル空間をプロデュースする事業から現在に至っている強みが発揮できると考えています。反対に、ウェブ広告の世界からリテールメディアに展開しようとしているテックベンダーなどのプレーヤーには、なかなかリアル空間を体感的に理解できていないケースが数多くあるのではないかと感じています。

少し厳しめの言い方をするなら、ウェブ広告は、企画のスタートから実際の出稿、データ分析に至るまで、すべて机上で行うことができるからです。リアル空間を相手にする場合は、そうすんなりとはいかないということです。

論より証拠ですので、例として、ここで一つ問題を出してみましょう。

リアル空間でデジタルサイネージを目立たせ、視認率、注目度を上げたいとします。次のうち、どの方策が最も効果的だと思いますか?

ヒントとしては、完全な正解が一つ、まずまずの正解が一つあります。

①クリエイティブの内容を改善する
②クリエイティブに合わせて音楽を流す

③人が多い場所にデジタルサイネージの設置位置を変える
④目線に合うよう設置の高さを変える
⑤デジタルサイネージの周りを目立つよう装飾する

ここでの正解は、④となります。

店舗デザインやディスプレイ広告に詳しい方なら、正解しやすかったのではないでしょうか。

デジタルサイネージであろうとなかろうと、まずは、見てほしい相手が注意を向けてくれる（アテンションが得られる）かどうかが最も重要な要素となります。

もちろん、クリエイティブの内容を改善したり、前述したようにＡＩカメラで取得したデモグラに合わせる形で提示する内容を替えたりすることも重要ですが、前提として、そもそも注目されなければ、どんな情報を提示したところで、一切頭には入っていかないのです。

テレビ番組や屋外広告で考えればわかるとおり、どれだけ情報を提示されても、視線が向いていなければ、頭の中では、まるで存在していないかのように、周辺と溶け込んでいるかのように認識されているような感覚です。これでは、たとえ興味を示すかもしれないクリエイティブでも反応は得にくいのです。

音楽を流すことは、一見よいアイデアのように思えます。極端な例で言えば、急に携帯電話から大音量で緊急地震速報のアラートが鳴れば、注目しない人はほとんどいないでしょう。

しかし、まさかリテールの現場で、お客さまが来るたび大音量のアラートを鳴らすわけにはいきません。

もともと多くのリアル空間では、BGMが流されていたり、ざわざわとした物音があったりするものです。もしもそうした音が急にゼロになればかえってビックリするでしょうが、私たちにはリアルの空間の音響はそういうものだという常識が備わっているため、無難な音楽や雑踏の音は、耳から入ってもほぼ無視する形で処理されています。

それと同じレベルで音を流したとしても、結局は溶け込んでしまうため、無視している状況を打ち破るほどではないことが多いわけです。

人が多い場所にデジタルサイネージの設置位置を変えるというのも、反対に効果を減らしかねません。集まっているにはなんらかの別の理由があるため、必ずしもサイネージに注目させられるとは限らないからです。

「目線に合わせる」というのは、最も自然で素直に情報を受け取れる適切な方策です。一瞬ではあれ、視界に見慣れない情報があれば、意図せずしてそこに注目するからです。その瞬間、見た人の関心を引くクリエイティブが表示できていれば、内容を注視する可能性が高くなります。同じ観点から、⑤の装飾は必ずしも悪い手ではありません。一瞬の目を引くための助けになるかもしれないからです。

言われてみれば当たり前と感じるかもしれませんが、マーケティングやウェブ広告には詳しい方でも、①や②を選びがちだというのが、「看板屋」である私たちの印象です。考えてみれば、位置を変えるだけならそれほど大きなコストもかかりません。一方で、最初に目に入らなければ、結局どれだけお金をかけ、知恵を絞って凝ったクリエイティブ作りに注力したところで、ゼロをかけると結果はゼロになってしまいかねない、ということなのです。

「デジタルサイネージ×人の声かけ」が最強かもしれない理由

実際のデジタルサイネージの運用では、人×デジタルサイネージの効果が高いと感じています。

先ほどの5択クイズでは、デジタルサイネージを配置する際の目線の重要性を述べましたが、ここに人が介在することで目線を誘導できるなら、ただデジタルサイネージを置くよりも、ずっと高い効果が期待できるというわけです。

実際にデジタルサイネージとともに人を配置し、声かけをしていきながら誘導し、活用してもらいます。特にまだデジタルサイネージに慣れていない人にとっては、声かけによって一気に視認率を高めてもらえますし、一度体験してもらったあとは声かけがなくても引き続き注目されやすくなります。

ここには、まさにリアル空間特有の面白さが隠れています。素敵な美術作品が掲示されていたとして、ただ掲示されている場合、説明書きが併せて掲示されている場合、そして学芸員や専門家が実際にガイドしてくれる場合では、見る側の受け取る情報や印象は大きく異なってくるのではないでしょうか。たとえ説明書きとガイドの話している内容がほとんど同じだったとしてもです。

なぜなら、そこに人が介在することによって、受け取る側の人にとっても、その行動自体にストーリーや文脈が強く植え付けられるからです。

同じことが、リテールのリアル空間にも言えます。たとえば、破格なセールが行われていたとして、ポスターやPOPだけで掲示されている場合と、店内放送や人を活用して呼び込みを行った場合では、同じ価格でも反応が変わるはずです。なぜなら、ポスターやPOPだけでは情報が届きにくいだけでなく、情報が届いたとしてもストーリーや文脈が弱いため、検討に至らずにスルーしてしまいかねないからです。

この、ストーリーや文脈を伴う購買というのは、リアル空間に、より濃厚に現れる特徴だと思います。そして、その流れを強める力を持っているのは、今もなお、リアルな人の力、後押しなのではないでしょうか。

私たちはリアル空間の現場で経験を積んだ立場から、こうした現場での運用の蓄積をノウハウ化し、ただ新しい機材を導入するだけでなく、トータルでのリアル空間への目配りも欠かさないことが大切なポイントだと考えています。

リアル空間と向き合う

ウェブ広告とリテールメディアにおけるもう一つの大きな違いは、運用面の難しさではないかと思います。

広告である以上は、ウェブであろうとリアル空間であろうと、媒体を作り、あるいは探したり開発したりして販売すること、そして露出された広告の効果を検証し、新たな戦略を考えることについては変わりません。

しかし、ウェブ媒体に広告を露出することとは違い、リアル空間には独特の課題やルール、あるいはしなければならないこと、守るべきこと、いわゆる制約条件というものが、多数存在するのです。

ただＡＩカメラを置けばいい、デジタルサイネージと組み合わせればいい……というわけにはいかないのが、リアル空間の難しさであり、また面白さでもあると思います。多少の泥臭さも伴いますが、少し考えてみれば、多くの方が納得し、理解できることでもあります。

たとえば、ＡＩカメラやデジタルサイネージ、ビーコンを設置するには、それぞれに電源が必要です。どこからどういう形で電源を確保するか、容量に問題はないか、店舗運用やデザインに悪影響を及ぼさないか、電池式の場合は交換のタイミングをどう把握し、誰が作業するか。たったこれだけでも、リアル空間の数だけさまざまな実例が思い浮かびます。

ＡＩカメラがどれだけ優秀な性能で撮影した画像でも、通信手段がなければクラウド側とのやり取りはできません。いくらＡＩの技術が発達し、クラウド側に素晴らしい処理のシステムがあったとしても、Ｗｉ－Ｆｉがなければどうにもなりません。たかがＷｉ－Ｆｉと思われるかもしれませんが、安定した速度を出すためだけでなく、なんらかの理由で店頭のルーターに問題が起きた場合の処置も含め、あらかじめ方策を立てておく必要があります。

そして、リアル空間ならではの大きな問題は、特にデジタルサイネージを設置した際の安全性の確保です。店舗運営の障害にならないかはもちろん、お客さまの安全に最大限配慮し、動線や設置する際の部材の強度などを考えなければならないわけです。無論、プロが現場を実際に見て、危険を予知しながら細心の注意を払って施工しなければなりません。デジタルサイネージと言えば、まずは輝度や大きさ、音が出るか出ないか、設置場所……などに思考が向きがちですが、安全性が確保できなければ、どれも検討の段階にありません。

さらに、せっかくデジタルサイネージを設置しても、汚れていては、効果は台無しです。店舗の清掃を行うサイクルのなかに、どのようにデジタルサイネージの清掃を組み入れ、どう作業するかの手順も考えることが大切です。

リアルとデジタルをどう組み合わせ、どちらも条件を満たして、運用を成立させるか。これがリテールメディアを実現するための必要条件です。デジタル面では申し分のないウェブ広告事業者にとっても、参入の壁は決して低くなく、キャッチアップには時間がかかるのではないでしょうか。

リアル空間ならではの失敗談

こうした方策を考えながら、実際にリアル空間でさまざまな機材を運用していくには、現場ごとのコミュニケーション力が試されます。

私たちＬＭＩグループは、これまで、リアル空間を持つ１２００社ものお客さまとの協業のなかで積み重ねた経験を武器にしてきました。

それでもなお、特にコロナ禍前には、さまざまな失敗や、印象的な出来事、大げさに言えば「事件」を経験しています。

これらもまた私たちのたどってきた道であり、同時に日本のリアル空間におけるリテールメディアの流れを映すエピソードにもなる気がしていますので、いくつかご紹介していきましょう。


まず、失敗談のなかでも典型的な例は、ＡＩカメラを設置し、私たちも顧客も期待しながら、１週間後にさあデータを分析してみよう……と思っていたら、マイナートラブルでまったくデータが取れていなかった、というパターンです。さらに、データは取れていても、店舗側で従業員の方が知らないうちにＷｉ－Ｆｉの設定を変えてしまい、まったく送信されていなかったこともありました。

今思い返すと「傑作」だったのは、苦労してとあるコンビニエンスストアにＡＩカメラを設置する実験を行ったときのことです。

データを取ってみると、思いのほか視認数が伸びており、これは想像以上にデータに厚みがあって、分析しがいがある……と思っていたら、レジ横で販売しているからあげを宣伝するキャラクター人形の姿をＡＩカメラが人間として認識していたため、視認数がめちゃくちゃにかさ上げされていた、という事件もありました。ＡＩカメラの視認性が大きく向上した今となっては考えられないことですが、当時の脱力感は今も忘れることができません。

伊勢丹新宿店でかいた冷や汗

そんななか、私たちに大きなチャンスが訪れました。２０１６年、三越伊勢丹ホールディングスが私たちの提案を取り入れてくださり、何と、伊勢丹新宿店のウインドウ・ディスプレイにＡＩカメラを取り付け、効果測定する実験が行われることになったのです。

実際に提案を面白がってくださったのは、当時の社長でした。

私たちはＡＩカメラの機能や、どんなデータが取れるかを説明し、リアルなディスプレイでも、あたかもウェブサイトのように効果が測定できると提案したのですが、その社長は、そのようなアプローチは知らなかったし、見たこともなかった、とても興味深いとおっしゃってくださったのです。

なぜならその社長は、以前、日本一の百貨店である伊勢丹新宿店の「価値」がどれほどのものか、たとえば外部に向かって展示しているウインドウ・ディスプレイにどのくらいの効果があるのか、そこに価格を付けるとしたらいったいいくらなのかについて、考えることがあったそうなのです。

伊勢丹新宿店のウインドウ・ディスプレイの製作費は、多くの金額がかかっているのは皆さんおわかりだと思います。それだけ旗艦店を重視しているという以上に、歴代の経営者、社員の皆さんが、伊勢丹新宿店のウインドウ・ディスプレイは目玉であり、素晴らしい価値があるものと考えてきたことになります。

しかし、リテールや百貨店業界の経営環境は年々厳しくなるばかりで、製作費を見直すべきではないか、という議論も出始めていたところでした。

そこでその社長は、果たしてウインドウ・ディスプレイにはどれだけの広告効果があり、金銭的な価値があるのか、検証可能な定量データを集めて初めて、数値的に議論ができるのではないかと常々考えていたそうです。たとえば1視認当たりの単価がわかれば、場合によっては、ほかの広告宣伝費と比較してパフォーマンスがよいことが証明でき、製作費をよりかけていく方向で検討することも可能になります。

私たちは、美しく飾り付けられているウインドウ・ディスプレイの内部にＡＩカメラを取り付け、人流、視認、デモグラフィックなどのデータを取得できるとご提案し、採用していただいたというわけです。

前にも述べたとおり、当時はまだＡＩカメラ設置に対する抵抗感が強い時期でしたので、ナショナルクライアント、それも業界トップに受け入れていただけたことは驚きでもあり、それ以上に期待が膨らみました。

百貨店のウインドウ・ディスプレイは、変更する日の前日の閉店後から、当日の朝までに作業をすべて終わらせる必要があります。あくまでもメインはウインドウ・ディスプレイの変更作業です。常々ディスプレイを手がけている業者、ＶＭＤ（ビジュアルマーチャンダイジング）の仕事をしている方々にとって、見たこともも聞いたこともないＡＩカメラというものでウインドウ・ディスプレイの効果測定を行うなど、これまでの仕事が可視化されることのデメリットを強く懸念されていたのか、現場では非常に厳しい視線を浴びました。

既存のファッションブランドと伊勢丹のVMD担当者が施工を終える前に、並行して我々のAIカメラを設置したのですが、実際どの角度からどのような画角に設置すればより正しいデータを取得できるのかといったことは、当日の現場判断を求められることになりました。

結果、光の反射具合など、現場の状況がどうなっているかについて、情報が不足したまま施工当日を迎えることになりました。そのため、現場のVMDの方々から「邪魔だ！」などと、厳しいお声をいただきました。

データを取得することに対しては、懐疑的な方々の反応が強く、設置現場で試行錯誤をしてしまった私たちにも知見不足があった一方、2016年当時は、現場での設置作業段階でも反対意見が大いに存在していたことがわかるエピソードでした。

さらに、後日談もあります。

AIカメラで取得したデータは、店内のWi-Fiネットワークを使用して集めることにしていました。設置時に速度を測定してみたところ十分すぎるほどの速度が出ており、実際にテスト接続した際も特に問題はなく、このステップはあっさりクリアしたものと考えていました。

ところが、どうにか設置が終わり、いざデータ受信を始めようとすると、一切通信ができていないことが判明したのです。

ウインドウ・ディスプレイの裏側や側面、つまり店内側は、通常時はかなりの厚みがある金属の板でさえぎられています。私たちが設置中に速度や接続状況を試した時点では、変更作業のために隙間があり、そこからＷｉ－Ｆｉの電波が回り込んでいたのですが、元通りにすると金属で電波が完全に遮断されてしまうのでした。それまで、ウインドウで通常の展示を行っている間に、店内側とＷｉ－Ｆｉで通信を行うシチュエーションなどなかったわけですから、誰もこの展開を想定できませんでした。まさか、実験データの収集のために金属板を外してもらえるはずもありません。

そこで私たちが取った方法は、人海戦術でした。

唯一電波が透過できるのは、ガラス面、つまり通りに面している外側だけです。そこで当社からモバイルＷｉ－Ｆｉ端末を持った社員を毎日派遣して、ウインドウ・ディス

伊勢丹新宿店のウィンドウ・ディスプレイ

プレイの外側から端末に接続させてデータをクラウドにアップするという方法をとらざるを得ませんでした。初歩的なミスですが、このような失敗を乗り越えて当時のウインドウ・ディスプレイの効果測定を行うプロジェクトがなんとか完了したことが、当社にとって最初のＡＩカメラプロジェクトとなります。

いずれにしても必要なデータは無事にお渡しすることができましたが、今でも新宿を通り過ぎるたびに、当時のことを思い出します。

そして、今から10年近くも前に、リアル空間の効果測定の重要性をすでに見通しておられた当時の社長の先見性に、改めて敬服の気持ちを持ちます。

AIカメラを用いるさまざまなアイデア、応用

先見の明をはっきりと感じた例として思い出す企業はほかにもあります。メガネのSPA（製造小売業）を展開しているJINS（ジンズ）からいただいたお問い合わせには、その発想にとても驚かされました。

JINSの店頭で陳列されているメガネのフレームには、それぞれダミーのレンズがはまっています。そして、そこには隅にQRコードが印字されたシールが貼ってあります。

メガネを選ぶ際、たいていの人は、気になるフレームをあれこれ取り替えながら、鏡の前に立って比較します。

そこで、鏡の裏側にAIカメラを取り付け、フレームのIDをQRコードから取得しながら、購買を検討している人のデモグラを同時に認識し、データを集めて分析できないかというアイデアでした。

つまり、どのフレームがどのくらい試着されているか、注目されているかだけでなく、

男女、そして年代別のトレンドも把握できるというわけです。

このお話も、三越伊勢丹とほぼ同じ時期でした。しかし残念ながら、当時のＡＩカメラの技術では、小さなＱＲコードが完全には認識できないことがわかり、断念することになりました。

今同じことを試せば、うまくいく可能性もあります。ただ私はそれ以上に、ＡＩカメラの活用法という意味で、ＪＩＮＳの発想、先見性は素晴らしいと感じます。

もう1社、２０１８年に、イタリアンカフェやバーを経営するセガフレード・ザネッティ・ジャパンからいただいたお話も記憶に残っています。

同社は既存店のスクラップアンドビルドを判断する際、指標として売上の分析のみに頼っていましたが、それだけでは店舗の持つ本来のポテンシャルがわからないのではないかという課題が浮上し、店舗前の交通量、入店数、入店率を把握したいというご相談でした。

売上が低いだけでなく、店舗前の交通量も少ないなら見込みは薄いのに対して、豊富な交通量があるのに売上が少ないのであれば、むしろポテンシャルを生かし切れていないことを問題にすべきだからです。

これは、ＡＩカメラの活用としては比較的オーソドックスな部類に入るもので、同社が期待していたような定量データが取得でき、その後の経営判断に大きく役立ったと聞いています。

こうして一つひとつ記憶をたどってみると、これはＡＩカメラやリテールメディアに限らない話かもしれませんが、いい意味での新しい技術や仕組みに対する、人や企業の姿勢には、３つのタイプ、あるいは段階があると感じます。

①まったく興味も関心もない
②ただシンプルな関心や興味はある
③自分なりの仮説を持った上で、さらに関心や興味を持っている

①の方から、当社にお問い合わせが来ることはないでしょう。お会いする機会がないこと自体はとても残念です。

②の方からは少なからずお問い合わせをいただきますし、実際に試行してみることもあります。ただ、上がってきたデータ、分析した結果をもとに、その後の施策にうまく

活用できるかどうかは未知数です。新しい世界が見えて思考が深まり、発想が豊かになる場合もある半面、「なるほど、すごいですね！」で終わってしまうパターンも少なくないというわけです。もちろん、トライしていること自体は大切だと思います。

一番成果を期待できるのは、③の場合です。それまでの事象や経験から、なんらかの課題を感じ、そこに自分なりの仮説を持った上で、補強したり否定したり、肯定したり反論したりするためにデータを取得して分析したい、という場合は、必ずなんらかの結論を導くことができます。また、当初のご相談の段階から、私たちやAIカメラなどの機材で何ができて何ができないのか、データによってどこまで、どういった形で分析が可能なのか、といった、主体的で目的意識の高い文脈でお話をされる方が多いと感じます。

私たちもまた、できる限りニーズにお応えしたいとがんばりますし、時には私たちが提供しているサービスがそんな使い方にはまるのかと驚かされることもあり、新鮮で刺激的です。

今後ますます、なんらかの課題や仮説を持ったリテールの方々と出会えることが楽しみです。

Amazon Goはなぜ「失敗」したのか?

私は今までの流れを見て、リテールのリアル空間、そしてリテールメディアには、少なくとも日本に限れば、GAFAが手を出せない状況が続くと感じています。

コロナ禍よりも前、2018年から始まったアマゾンの無人店舗「Amazon Go」。当時は世界を変えるかもしれない、いよいよテック大手がリアル空間に進出したと騒がれ、その上コロナ禍という「追い風」もあったはずなのに、現状はほかの業態も含め、同社が手がけてきたレジなしの無人決済店舗は、消費者から熱烈には受け入れられないまま閉店が相次いでいます。

そもそも、すでにECやクラウドの世界で覇権を取りつつあるアマゾンが、なぜわざわざ面倒にも見えるリアル空間のリテールに取り組み、結局はわかりやすく失敗したのか。私はここに、オンラインとリアル空間の決定的な違いが見出せるのではないかと思うのです。

ウェブ広告を含むオンラインの世界では、ほんの30年程度の歴史ながら、すでにゲームのルールや成功パターンはかなりの部分で固定化されました。勝者は勝ち続け、新規参入を寄せ付けない世界が作られました。

問題は、そこでの常識や知見、成功法則が、そのままリアル空間には適用できなかったという事実です。

いくらブランド力で人流を確保し、決済をＡＩカメラや画像認識で無人化できて、売れ筋データなどを細かく集められても、それ以外の運営には思いのほか人手が必要で、しかも人件費はどんどん高くなっています。つまり、確かに店内は無人な半面、見えない所では相変わらずたくさんの人が動かないと持続できないわけです。

もっとも、数十店舗の運営であればアマゾンには実験レベルでしょう。ただ、全米、そして全世界のリアル店舗を、ＥＣにおける自社の存在のように制覇しようとするのであれば、今の仕組みではまったく役に立ちそうにありません。更地から無人店舗の知見を積み上げ、ビジネスモデルを構築することができれば、その過程で当然にリテールメディアも手がけることになるでしょうが、現状では恐らくそこまでたどり着けることはなさそうです。

そこで、現時点での結論としては、GAFAが既存のリアル空間やリテールメディアに参入するのは難しく、また、少なくとも日本のマーケットに参入することもないと考えてよさそうです。残されている8割の、ウェブ広告をクリックせずリアル空間を訪れる日本人をどうするかは、あくまで私たち次第だということです。

一方で、GAFAをはじめとするテック大手や、ウェブ広告を手がけてきた事業者の知見すべてが役に立たない、リテールの知見はリアル空間からしか得られない、というのは極めて危険な発想だと思います。

ここまでこの本をお読みいただいた方ならそのようなことはないと思いますが、世の中にはAmazon Goの失敗を見て、GAFAの知見がリアル空間には「まったく」役立たない、完全に別の世界だと認識している方がいます。

しかしそれは、大いなる誤解だと思います。

手つかずだった日本の8割を掘り起こすためには、リアル空間においても適用できる、デジタルの知識や発想が必ず必要になります。あるいは、今までは適用できなかった問題を取り除き、突破する方向性です。両者を組み合わせられる人だけが、8割にアクセスできるチャンスを有していることになります。

プライバシー保護と透明性の確保

この章の終わりに、ＡＩカメラなどを用いてデータを取得することと、お客さまのプライバシー保護、そしてデータ取得や活用の透明性の確保について述べていきます。なぜなら、この項目をおざなりにして、広告の「民主化」などあり得ず、「人を幸せにする」広告にはなり得ないからです。

まず、ウェブ広告でのサードパーティークッキーとリアル空間でのデータ取得には、そもそもスタート地点での大きな違いがあると感じます。サードパーティークッキーは「知らないうちに取られている」「許可した覚えはない」と思われやすいのに対して、ここれまで行われてきたリアル空間における会員登録などのデータ提供は、あくまでお客さまが納得し、リテールを信用した上で自発的に行われていることが前提です。そして、その背景には会員登録することで、割引やポイント積み立て、情報保存や優待などのメリットが提供されるという双方の合意、あるいはトレードがあるわけです。

私は、そもそもの話として、今後ＡＩカメラなどを導入する際も、必ずお客さまとの接点を大切にしながら、こうした相対の関係性やお互い納得の上でやり取りする原則を、長期にわたって保っていくことが前提という立場です。

ここを迂回しながらひとまずデータを取るため、試験的な店舗を設けてそこでＡＩカメラなどを導入する試みが一時期たくさん見られましたが、なかなか生かし切れていないと感じます。かといって、すべての店舗に完全に導入すると負担が重く感じられます。ただ、サンプルレベルのデータでは分析に厚みが出ないため、結局膨大なファーストパーティーデータを保有するＧＡＦＡを頼らざるを得ない……といった堂々巡りにもなってしまいがちです。

長期にわたり、お客さまとの関係を保ちながら豊富な情報を蓄積し、その上プライバシー保護の責任を果たしていくためには、３つのポイントが重要になるでしょう。

①データ取得に際しては必ず許可を取り、説明をつくす

店頭でのお知らせだけでなく、ＡＩカメラ×デジタルサイネージであれば、その段階で画面などに説明を表示し、詳細を知りたい顧客が情報にアクセスできるよう整備することが大切です。特に、顔写真などのデータは決して個人を特定するようなものではな

いこと、そして何より、法令を守って情報を適切に管理する旨を、責任感をもって約束することが大切です。ここを軽く扱えば、サードパーティークッキーと同じことになりかねません。

②データの活用によって消費者に利点があることを説明する

取得したデータを活用することで、リテール側だけでなくお客さまにもメリットがあること、そのための取得であることを説明します。

③思わずデータを出したくなってしまうような楽しい仕掛けを作る

その上で、お客さまもむしろ前向きにデータを登録するような仕掛け、リワード、そしてポジティブな雰囲気作りに注力できればいいでしょう。会員登録と同じように自分のデータを提供してもいいという雰囲気作りをした上で、双方でよいリアル空間を作っていける協調的な関係を演出できれば最高です。ここまでくれば、データ提供が自分にも還元されると認識していただけるはずです。

これらの流れは、ある意味ではウェブ広告が到達できなかったフィールドだとも言えるでしょう。合法だから、技術的に可能だからやってしまっていいはずだ、という流れ、態度によって、軽んじてきたからです。

リアル空間をリテールメディア化していく上では、この「間違い」を繰り返してはいけないと思います。そして、リアル空間で向き合うお客さまに、そもそものようなことはできないのではないでしょうか。

リテールメディアの発展は「広告の民主化」をもたらす

サードパーティークッキーを失うウェブ広告と、これからリテールメディア化するリアル空間を比較すると、ある意味では「データの民主化」が進む過程なのだろうと感じています。本来データに対する権利を持っていた消費者に、自分のデータをどうするかを判断する正当な機会が戻ってくることになります。

そして、「データの民主化」は、やがて「広告の民主化」へとつながっていくのではないでしょうか。

莫大なお金が動いていた既存の媒体も、意識しない間に情報を集められてターゲティングされてしまうウェブ広告も、「民主的な」広告というよりは、搾取されているような感覚を起こしやすいものだったと感じます。

ＣＭに出ている芸能人にはどうせ大金が流れているのだろうと考えるか、いつも見ているインフルエンサーが大きな広告費を受け取って突然特定の企業や商品のＰＲを始めたと考えるかは、あくまで時代の変化のなかであり方が変わってきただけにすぎず、見ている人には常に、「広告は一部の人が儲かるための手段」だと誤解されても仕方のない状況だったのではないかと思います。

その結果、広告は、ワクワクする感覚、美しく素敵なイメージを大きく失ってしまい、どんどん「幸福」から遠ざかってしまった……というのが、個人的な私の印象です。

かつて、広告業が勃興した頃の関係者の思いやミッションは、消費者によい情報をもたらし、よい購買をしてもらうことで、経済を盛んにするものだったと思うのです。

ウェブ広告が曲がり角に差し掛かっている今、もう一度、広告は消費者に何を伝え、広告によって世の中がどうよくなっていくのかを踏まえて、その上でマネタイズの問題を考え直す時期に来ていると感じます。

そして、偶然にもこのような時期に注目され始めたリテールメディアは、消費者に対しては民主的に、リテールに対しては今までなかった価値を創造する方向に、そして広告主には今までアクセスできなかった新しい世界を開く、まさに「三方よし」の新しい媒体になると思っています。

そのベースが、技術の進歩だけでなく、データを大切な財産として、誰も傷つかず、誰にでもメリットある形で民主的に扱っていくスタンスなのだと感じます。

そして、この新しい常識を作り上げることで、単にウェブ広告の代替が見つかるだけでなく、日本のよい部分が、さらに伸ばせると信じています。

第3章

事例で学ぶリテールメディアの活用

では、実際にどのように導入する？

リアル空間をリテールメディア化するための概要を理解してくださるリテール企業が急速に増えていることは確かです。企業以外に、広告代理店からの引き合いも頻繁にいただいています。

一方で、実際にどのように自社のリアル空間をリテールメディアに変えていくか、そもそも自社にリテールメディアの構築が可能かどうかは、新しい取り組みのために、いくつかの懸念があると感じます。

典型的な例としては、次の3つにまとめられるのではないでしょうか。

①導入するきっかけがない
②リテール側のリスクが高い
③持続的に運用できるか確信が持てない

①は、最もありふれているようで実は重い項目です。導入を考えているリテール企業、あるいは個々のリアル空間の多くは、現時点で営業中であり、当然空間は店舗運営の効率を追求するためにカスタマイズされています。しかも現場での人材も足りていないなかで、新たな機材を取り付けたり、従業員に新しい手順を覚えてもらったりするのは負担が少なくありません。「したことがないことを始める」のは、壁は高いものです。

②は、同じことを経営側から見たパターンとも言えるでしょう。リテールメディアの可能性は理解できても、いきなり自社でリスクを取り、大々的に導入するにはコストの負担が重く、投資リスクが高いと感じても無理はありません。まして、専門の部署や人材を置くほどの余裕もないでしょう。機材だけでなく、①の説明で触れた現場で発生する有形無形のコストも膨らむ懸念があります。

そして、双方をクリアして導入をしても、最後に③の運用という大きな悩みが生まれます。苦労して自社のリアル空間に広告を掲出できるようになっても、それをどのように、誰に向かって販売すればいいのか、そもそも本当にニーズがあるのかどうか、確信は持ちにくいでしょう。何せリテール企業なのですから、広告を販売するビジネス自体になじみがありません。その上、いつでも機材が正常に動くような運用も行っていく必要があります。

リテール企業自体がなかなか壁を越えられなかったり、ステークホルダーに対してリテールメディアを導入する説明責任を果たせるか自信が持ちにくかったりするのも、ある意味では納得のいく話です。

リテールメディアの可能性自体には理解が広がっていますし、ウェブ広告の限界も見え始めている今、どうにかしてこの壁を取り払いたい、というのが私たちの思いです。

そのために、さまざまな実験や検証を重ねています。

リテール側にも課題を解決したいという思いがある

それでも私は、特に日本のリテール企業が、リアル空間をリテールメディア化するニーズは止まらないと考えます。今度は別の角度から、リテール企業がリテールメディアに関心を示す理由を考えてみましょう。

すでにこの本で何度か触れていますが、日本のリテールはすでに成長の限界に達しつつあります。

その上、アフターコロナでも期待したほど人流が戻るわけではなく、現時点でほぼ頭打ちです。なんらかの手を打たなければこのまま横ばい、そして右肩下がりになってしまうという懸念が広がっていると感じます。特に、情報に対する感度の高い経営者ほどそうなのではないでしょうか。

円安によるインバウンドの隆盛で、再評価を受けている感もある日本のリテールやサービス業ですが、残念ながらグローバルの視点で評価すれば、生産性が高いとは言いにくいのが現実です。

生産性とは、付加価値を労働で割った数値です。そして今日に至るまで、日本のリテールは、分子の付加価値をなかなか上げられないなかで、分母の労働を削ることでどうにか生き残ってきたと言えます。

しかし、最近の賃上げの問題やサービス残業禁止の流れでもわかるとおり、すでに労働を削るには限界が来ているだけでなく、むしろ少子高齢化を原因とする人手不足がクローズアップされ始めています。身近なリテールの現場に外国人労働者が増えていることからも明らかで、今後はむしろ、労働を確保するためには賃金を上げざるを得ないでしょう。

課題を解決する方向としては、労働を削るやり方から、付加価値を高める方向へと転換するしかありません。もはやこの点については、結論が出ていると感じます。

では、リテールで付加価値をより高めていくために、具体的にはどのような手が残されているでしょうか。

インバウンドに向けて高付加価値の消費やサービスを提供していくのは有力なアイデアですが、どこまでインバウンドが成長するかは未知数ですし、すべてのリテール企業が必ずしもインバウンドの恩恵を受けているわけでもありません。

人流をデータに換え、さらに付加価値へと変えていく

そこでぜひ知っておきたいのが、リテールが今まで注力してきた人流や集客を、別の形でマネタイズする方向性です。

ウェブの世界においてＧＡＦＡがあれだけ成長できたのは、端的に言ってトラフィッ

クをつかんでいるからです。便利なツールや使いやすいサービスを、安価で、時には無料で提供し、大勢のユーザーを集めます。するとユーザーが集まっていること自体が価値となり、大量のデータも集積できて、強い競争力を持続しながら、さらに成長することができます。

同じような考え方を、リテールのリアル空間に変換してみるとどうでしょうか。ウェブサイトは訪問者数を集めるためにさまざまなデータを集め、分析を行い、手を尽くしていますが、実はリアル空間も同じことです。お客さまを呼ぶために広告宣伝を行い、魅力的な品を揃え、価格で競争しながら、実際に人が丁寧なサービスを提供しているから、そこに人が集まるのです。

そこに惹かれて集まってくる人々の流れは、まさにトラフィックにほかなりません。そして、日本人の8割は結局ウェブ広告をクリックせずに、リアル空間を訪れ、頼り続けています。

来店者をサイト流入と同じものだと考えれば、あとはその人流をデータに換え、広告媒体としての仕組みを整えられれば、あたかもウェブサイトに広告を出すかのように、リアル空間を媒体化できるはずです。店舗を運営し、売上を上げるための経営や現場の努力が、そのまま高い人流となり、媒体の価値に転換され、そのままリアル空間の付加価値を押し上げるわけです。

この部分にすでに気づいていて、リテールメディアの可能性を探り始めている企業は少なくありません。特に、大企業やグローバルに展開している企業の経営者層に近くなるほど、この課題を重く認識していると感じています。反対に、中堅や中小の企業は、まだまだ認識が広がっているとは言いにくい状況です。

ただ私は、生産性の低さに悩まされているのは、すでに効率的な経営を行っている大企業やグローバル企業よりも、中堅や中小の企業だと感じています。つまりこのままでは、大きなプレーヤーほどリテールメディアでも先行し、ますます他者を圧倒しかねません。むしろ相対的に小さなプレーヤーこそ、リテールメディアとどう向き合い、取り入れていくかを急いで考えるべきではないでしょうか。

1200社との協業で見えてきた課題と可能性

私たちがこのような感覚を持てるのは、「看板屋」から始まり、全国のリアル空間作りをお手伝いしてきた30年間の実績があるからです。

私たちが取引をしてきたリテール企業は、現時点で、都市部から地方まで、1200社を超えています。ひと口にリテールといっても、わかりやすい小売業だけでなく、美容、教育、飲食、ホテルからエンターテインメントまで業種は多岐にわたります。しかもその多くは、複数の店舗やリアル空間を運営しているわけですし、毎年改装やリニューアルの需要があるため、現場、あるいは案件の数で言えば年間で1万5000を上回り、直接関わっている従業員が約80名、そして外部の経験豊富なネットワークに支えられています。

リテール企業の悩みは、大きく人員不足と人材不足に分かれています。ただでさえ人手は足りず、その上能力の高い人もなかなか採用できない、というのが偽らざる現状です。まして少子化はすでに所与の事実です。したがって、省人化は必ず取り組まなければならない課題です。

そして、アフターコロナ、ニューノーマルの姿が見えてきた今、コロナ禍前の水準に戻す難しさを実感している企業や経営者が増えています。通勤が10％減ったまま戻らなければ、その分リテールにとっては人流の減少につながるしかありません。しかも相対的に所得の高い層で、よりリモートワークの頻度が高いという調査結果もあり、実際は数値以上に影響があるのではないでしょうか。

こうした状況を受け、私たちが現場で、あるいは打ち合わせなどでコミュニケーションを取っているリテール企業の経営者の方々からは、最近、ある共通した課題や率直な悩みがうかがえます。

それを言葉にするなら、たとえばこんな感じです。

「今までは、自分の勘と経験でやってきた。でも最近、そのままではもう通じないのではないかと思う」

どの経営者も、一定の規模まで会社を成長させてきた実績をお持ちの方です。勘や経験に加え、何かを成し遂げるために必要な勇気や原動力、うまく説明できない自己肯定感のようなものを存分に発揮してここまでやってこられたわけです。当然、ご自身や実績に対しての自信、自負心を強く持っています。

しかし、アフターコロナの状況が、それを揺るがしています。努力しても努力しても元通りにならない。コロナ禍前よりも攻めているのに数字に結びつかない……そうした悩みや課題を拝見しながら、結局アフターコロナの判断軸はそれ以前とは変化してしまい、コロナ禍前の勝ちパターン、あるいは常識が通用しなくなっているのだと考えざるを得ないのです。

今まで以上に努力しているのに、今までのようにはいかないどころか、より事態が悪化している。ということは、どこかに新しい問題があるに違いない——こんな認識が、徐々に広がっているわけです。

私は、もはや2023年あたりを起点とした、新しいデータをもとに戦略を考えるしかないと思います。見方を変えれば、その頃から2年近くが経過したことで、ようやく分析に値する量のデータが蓄積されたということでもあります。

もちろん、AIカメラですべてのデータが取れるわけではありません。しかし少なくとも、最新の方式で得たデータを、最新の手法で分析してみることは、まず打たなければならない方策ではないでしょうか。

加えて、徐々にリアル空間でも、流入からコンバージョンまで、ウェブ広告のような分析手法が使えるようになってきています。何が正解かがまだはっきり見えていない以上、早く取り組んで、いち早く勝ち筋、勝てる戦略を見出したプレーヤーは、今後勝っていく可能性がより高まります。

初期負担は重い？　しかし機材の価格はこなれてきた

ウェブ広告に近いことができるようになったとはいえ、リアル空間でそれを実現するにはさまざまな機材が必要だということは、ここまでご紹介してきたとおりです。解決が必要な課題には気づいていても、データを集めるためにはＡＩカメラなどの機材が必要で、設置にも現場ごとの対応が必要になる以上、初期投資の負担が重く、なかなか踏み切れないというのは理解できる話です。

ウェブ広告なら、そもそもの話として、あまりカスタマイズを考える必要がありません。ウェブサイトやターゲティングごとの違いによって用いるソリューションが大きく異なるわけでもなく、とりあえず始めてみる場合でも、そこまで費用の負担感は大きくないでしょう。

半面、リアル空間ではすべてがオーダーメイドです。求めるデータや分析が増えれば増えるほど、機材もより必要になります。

ただし、ポジティブな話もあります。

まず、AIカメラは性能が向上している一方で、需要も世界的に伸びているため、以前に比べれば単価は下がっています。かつてよりも、より高性能で低価格になっているわけです。デジタルサイネージ用の液晶についても、同じことがいえます。

もう一つ、私たちの経験からアドバイスできる重要なポイントがあります。今ある店舗に追加で機材を設置する場合と、新規開店や全面改装などの際、同時に設置する場合では、コスト面でも負担面でも大きく異なることです。

電源や通信などの手配、位置の選択や安全な固定作業などを、営業を続けている空間で行うのは大変です。しかし、更地から始めて内装を手がけるタイミングで一緒にできれば、それぞれの現場に最適な形で、しかも手間やコストを最小化しながら行うことが可能になります。私たちも、新規開店やリニューアルと同時にご提案し、また導入することをおすすめしていますし、お取引先のリテール企業のなかにはすでに、開店や改装と同時に、デフォルト（初期設定）でＡＩカメラなどの導入を必ず行うと決断しているところも出てきています。

その背景には、別の角度からの「理由」があります。それなりの規模のリアル空間を作り込む場合、新規開店や改装には、不動産も含め数千万円、時には1億円近い費用が必要となります。反面、ＡＩカメラなどへの投資にかかる費用は、手間はさておき、キャッシュアウトとしてはせいぜい数十万円程度です。

企業によっては、新規開店や改装とマーケティングでは部署も予算も違うことがあり、数十万円であってもマーケティング部署が販促費として捉えた場合は決して安い金額ではありません。しかし経営判断によって、これを出店や改装にかかるコストの一部と考えて処理できる場合は、全体予算の数％レベルの話になるため、同じ投資でも負担感は大きく分散されることになります。

もっとも、大手企業であればテレビなどの既存媒体にＣＭも出稿するでしょうし、そのほかにも単価は高いのに効果測定が難しく、合理的かどうか検証できない広告コストがあるのではないかと思います。テレビCMには最低でも数百万円レベルの予算が必要になりますが、ＡＩカメラなどはそれだけの予算と「やる気」さえあれば、数十店舗レベルで一挙に導入することもできるというわけです。

広告費と営業費の差も影響している？

実は、似たような問題や認識の違いは、リテールメディアを巡る広告のプロたちの間でも起きています。少し流れとは外れるかもしれませんが、ここで詳しく述べておきたいと思います。

というのも、伝統的な広告業界やその顧客である広告主の間では、リテールメディアをあくまで「販売促進のツール」として捉えていることが多いからです。

たとえば、あるリテール企業のリアル空間にデジタルサイネージを導入し、広告が表示されるようになったとしても、それをあくまで、そのリテールで商品を展開しているメーカーが取り付けている販売促進用のＰＯＰのようなものとして扱い、広告の予算とは別に考える感覚です。

そのメーカーが、何億円もの予算を使って全国ネットでＣＭを流していたとしても、店頭で自社商品が目に付くようにＰＯＰを作り、リテールの現場で取り付けているのは営業部門の人と予算の枠内です。その流れで、リテールメディアとテレビＣＭを別枠だと考えがちになります。そして、大手のメーカーであろうと、営業部門が持っている予算はブランディングやマーケティング部門に比べると桁違いに小さいことが一般的です。

もしもリテールメディアがさらに面的に展開され、このメーカーが販売したい商品と関連性の高い機会に、しかも購買に近いタイミングでリテールメディアに広告が表示できたとしたら、それはテレビＣＭよりもずっと効率がよく、また圧倒的に安価で訴求できる手段になります。リテールメディアが拡大していけばいくほど、広告主側の都合と予算に合わせ、大量の露出も、地域やデモグラでターゲットを絞った限定的な使い方もできるようになります。

また、「続きはウェブで」など、マスコミでの広告とウェブ広告を連動させる取り組みがすっかり定着したように、マスコミ広告とリテールメディアをミックスした方法を検討してみるのも有効な手段だと思いますし、それほど遠くない未来に実現していくと思います。

多少深読みするなら、これまでもウェブ広告に大きく侵食されてきたマスメディアの広告が、さらにリテールメディアにまでシェアを奪われたくないために、ウェブ広告に比べれば仕組みが複雑なリテールメディアをわざと軽視している……という解釈もできなくはないでしょう。もっともこれは、リテールメディアが今後どこまで普及し、どんなことができるようになるかを注意深く見守っている動きなのかもしれません。

リテールの現場とテクノロジーのマリアージュ

こうしたなかで、大手企業やグローバル企業はすでに着々とリテールメディアにつながる道筋を見出し、試行と検証を始めています。

私たちＬＭＩグループは、もともと店舗作りのビジネスを手がけてきたため、その過程で企業のニーズの変化をいち早く感じ取り、素早く対応できるポジションにいたと自負していきます。また、ＡＩカメラなどの機材や、リテールメディアが話題になるよりもずっと前から、現場と向き合う力を蓄え、現場に出向いて現場の「文脈」で話せる人材も豊富です。

急にリテールメディアを営業しにやってきた企業よりも、ビジネスの実績がある当社のほうが、店舗運営と並行する形での安定した案を出すことができますし、そこが評価を受けているのだと感じています。

この章の後半では、近年ＬＭＩグループが協業してきた4社の具体的な事例をもとに、リテールメディアの現在位置と、これからを探っていきます。

RETAIL MEDIA CASE 1

アシックスジャパン

可変式レイアウトとAIカメラ導入の組み合わせ
データ取得・分析でPDCAを何度も回し
短期間で右肩上がりの成果を実現

■店内の人流を即座に分析、即レイアウト変更

アシックスジャパン（以下、アシックス）とのお取引は、もともと店舗のディスプレイ製作から始まっています。その流れのなかで、東京・原宿の一等地、竹下通りと明治通りの交差点に面している旗艦店に、さまざまな機材を導入してお客さまの流れを可視化しました。そして、そこで得られたデータをもとに、短期間で店舗のレイアウトを変更できる仕掛けを作ることで、即座にPDCAを回して効果を上げる仕組みをご提案しました。

最初のご相談は、全面改装のための内装工事に合わせて、陳列棚を可変式にしたい、

というリクエストでした。

さまざまなカテゴリーやブランドの靴、そして販促物などが展示されている棚は、一般に壁などに固定されているか、据え置きになっています。しかし、素早く展示内容やレイアウトの変更を行うため、可動・可変式の棚や什器を新しく製作、導入し、簡単に入れ替えることができるようになれば効率が上がるのではないか、という着想でした。

そこで私たちは、せっかく可変式の店舗を作るのであれば、より効率のいいレイアウト変更を検証するために、AIカメラを同時に組み合わせ、お客さまが店内をどのように回遊しているのかデータを収集、分析してみることをご提案しました。

そして、いくら什器が可変式になったとはいっても、店舗スタッフは基本的に運営で手一杯のことが多く、新たに人流のデータ分析を業務に加えることは簡単ではありません。分析手法には専門家の視点や助言も必要になります。

そこで私たちは、店舗コンセプトの検討、可変式の什器の製作に加え、棚や天井などへ20台以上のAIカメラなどの設置、データ収集のシステム構築、そして一定期間データを集め、分析し、コンサルティングする業務を一括で請け負うこととなったのです。

どのようなデータを取得し、何を分析するかに関しては、アシックスの担当の方たちと事前に相談を重ね、ニーズの吸い上げと意識の共有に努めました。

原宿にあるアシックスの旗艦店

改装前と比べ大幅な売上アップ、その背景は？

結論から述べれば、改装前と比べて売上は大きく伸び、想定以上の成果を上げることができました。

注目したいのは、その過程です。

AIカメラによって、入店直後に目に入るスペースに展示されている、今「イチ押し」の商品のディスプレイに対して、立ち止まってくれたか――立ち止まってくれたお客さまが何秒注視したか――注視した商品の陳列棚に実際に向かったか――さらにPOSデータとも連結して、購買に至り売上に寄与したか――と、入店から購買に至るまですべて結びついた形でデータを収集しました。

また、入店したお客さまがどのゾーンに注目し、または注目しなかったのかが明確になっただけでなく、天井に取り付けたAIカメラと連携し、ゾーンごとの人の流れをヒートマップで分析しました。さらに、どのゾーン同士の関連性が高く、あるいは低いのかもゾーントランジションチャートで一目瞭然となりました。第2章でご紹介した伊勢丹新宿店の事例では、あくまでウインドウ・ディスプレイの視認と入店の関係までの検証でしたが、ここでは入店と購買の関係を、そこに至る間の動きまで併せて検証したと

図表3　AIカメラを活用した情報収集

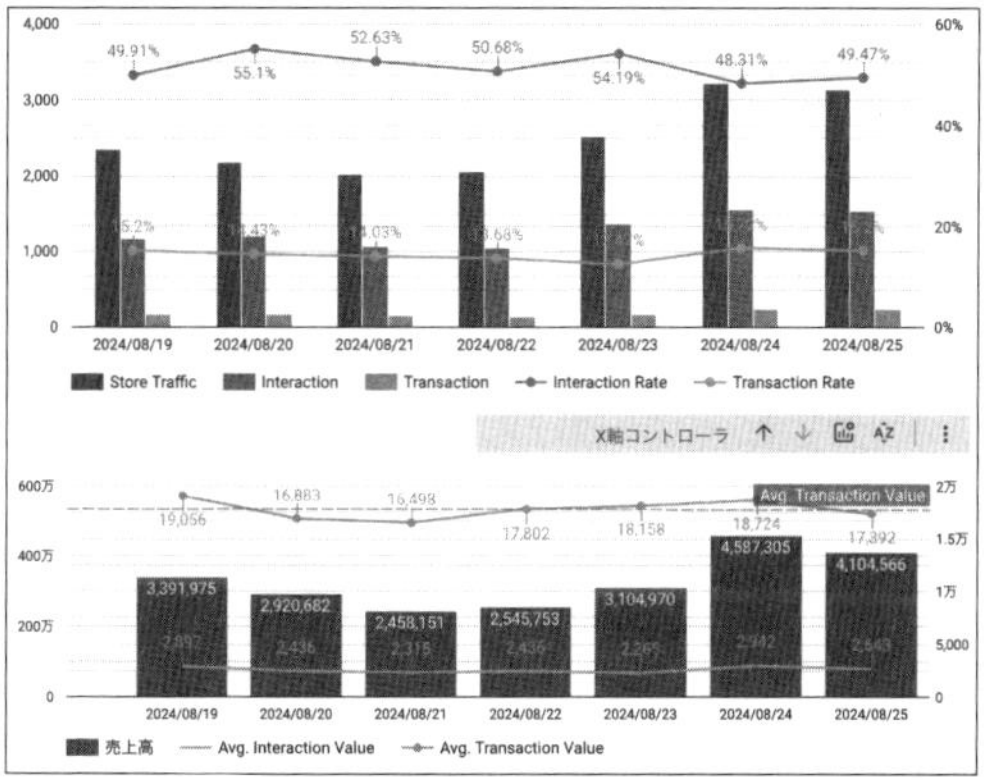

いう意味で、大きく進化している施策になるわけです。

収集データを分析し、ただちにレイアウト変更、止まらないPDCA

こうして、まずリニューアル後の数日間で収集されたデータを用いて行った分析をもとに、実際に可変式の陳列棚を移動させたり、陳列の内容や配置を変更したりして、動線をよりスムーズに改良しながら、連関性の高い商品同士を近い位置に配置するように変更しました。同じように、販促物やポスターなどは注目度の高いものが、より注目を浴びるように修正しました。

そして、レイアウトなどの修正は一度で終

わるわけではなく、その後もさらにデータ収集と比較検討を重ね、常にPDCAが回る形で変更を続けることができました。この間、当社のスタッフがデータを分析し、コミュニケーションを重ねました。

詳細なデータをご紹介できないのが残念ですが、最終的には、当社が分析を請け負った期間、曜日別の比較で一貫して売上上昇を実現できました。

さらに同社では、原宿の旗艦店で得られたデータを他店とも共有し、販促の方法や展示内容の調整などを横展開する形で共有したそうです。

■お客さまも好きな商品と出合いやすくなるメリットが

こうして、もともとは棚を可変式にしたいというご相談から始まったプロジェクトは、アシックスも当社も想定以上の成果を上げることができました。

LMIグループとしても、単なる店舗改装でも、そして単なるAIカメラ設置、あるいはデータ分析だけでもなし得ない、すべてがつながった形でのPDCAを、実際のリアル店舗で行い結果が付いてきたという意味で、エポックメイキングともいえるプロジェクトになりました。

そして、実は店舗を訪れてくださったお客さまにも、手前味噌ではありますが大切な価値を提供できたのではないかと自負しています。

ほとんど生に近いデータをもとに素早く売り場を変更できることで、お客さまがより出合いたい商品と出合いやすくなり、リアル空間で実物を手にしながら納得感の高いお買い物ができたことは、リアル空間の価値向上を目指している私たちにとっても非常にうれしい成果です。その結果、リテール企業にも売上がついてくるのですから、まさに双方にメリットが生まれます。

ウェブの世界は、Googleアナリティクスなどの計測ツールでデータを収集・分析し、すぐさまノンデザイナーであってもノーコードで修正できることがスタンダードになりつつあります。AIカメラをフル活用すれば、ウェブの世界のように動線をリアルタイムで収集し、分析を行うことができます。さらに、可変式什器を取り入れることで改装工事の発注や施工会社の手配などをすることなく、改善することができます。結果として、店頭スタッフ自らの手でPDCAのサイクルを回し、売れ筋を伸ばし、店舗の付加価値を高めていくことができました。リアル店舗の可能性は、大いに残されていると感じたプロジェクトでした。

RETAIL MEDIA CASE 2

大手外食チェーン

懸垂幕の効果検証のはずが急展開！
デジタルサイネージのアピール力が鮮明に
実は世界に先んじているプロジェクト？

効果があると信じて続けてきた施策が実は……

同社からLMIグループにご相談があった経緯は、多くの店舗の店頭（屋外）で展開されている懸垂幕状の販促物にどれだけの効果があるのか、AIカメラを使って検証したいという問題意識からでした。

たとえば、キャンペーン中の新商品や、セット販売の割引キャンペーンがあると、懸垂幕をそれぞれ製作し、店舗が面している道路側に向けて掲示します。では、期間限定商品のおすすめを掲示した場合と、割引を行っているセットを掲示した場合ではどのくらい入店効果に違いがあるのか、同社では誰も明確な知見を持っていませんでした。そして実際のところでは、いわゆる「長年の勘と経験」のようなものに基づいた運用がされていたそうです。

そこで、懸垂幕に実際にAIカメラを取り付けて2種類を比較し、いわばリアル空間におけるABテストのような形で視認率や入店率を収集し、分析してみることになったわけです。ところが……。

まったく別の課題が発見される

AIカメラは想定通り機能し、データは集まって分析も完了したのですが、この段階で思いもよらぬ、別の問題が急浮上してしまいました。

ABテストをしていたはずが、より重い問題として、「そもそも懸垂幕の視認率自体が低い」という課題が浮上したのです。つまり、どちらが効果が高いかを考える以前に、もともとあまり見られていない事実が浮き彫りになったのです。

その上、ただ視認率が低いだけでなく、視認しているのは相対的に年齢の高い層が多く、若年層からはあまり注目されていなかったこともわかりました。

ただちに本部のマーケティング部署にも情報が上がり、懸垂幕というツールによるコミュニケーションのあり方を考え直さないといけない――、思い切ってほかの方法を考えなければいけないのではないか――という、思わぬ方向へと話が展開していくことになったわけです。

ポジティブに捉えれば、ＡＩカメラの設置が、まったく新しい課題を見つけ出したことになるわけです。

全方位で人流をつかまえろ

そこで出たのが、デジタルサイネージの活用でした。

比較的スムーズに話が進んだのは、この企業に、マス媒体や、懸垂幕に代表される屋外広告だけでなく、業務全体にわたりデジタル化に早くから取り組みなじんできた実績や社内の文化があったからだと感じています。可能かどうか試してみる余裕があり、データで検証や検討することを重視してきた企業といえます。

こうしてデジタルサイネージの試験的な導入と、データ取得、分析のプロジェクトがスタートしました。

テストのためのデジタルサイネージは、オーダーメイドで製作することになりましたが、その過程で、私たちは一つの重要なご提案をしました。

懸垂幕にとってそもそも決定的に不利なのは、基本的に掲出している店舗に対して垂直方向から向かってくる人流にしかアピールできないことではないか、というポイントです。私たちは「看板屋」ですから、屋外掲示物がどの方向から視認されているかについては常に意識をしています。丁字路に面しているのであればともかく、通常は店舗に対して平行の方向に進んでいる人流に対してもアピールしなければなりません。

そこで、せっかくオーダーメイドのデジタルサイネージを製作するにしても、一般的な前面向きのタイプであれば、結局視認されないままになってしまう懸念があるため、二つのパネルをV字状に組み合わせて配置し、どちらの平行方向からも容易に視認できるよう工夫してみてはどうか、というプランを提示し、採用されることになりました。

すべてのニーズに一貫して対応

このデジタルサイネージは屋外に設置するため、晴天下の太陽光にも負けないよう、パネルはアウトドア用のＬＥＤを使用しました。さらに視認を捉えるＡＩカメラを取り付け、店舗前の交通量（人流）、デジタルサイネージの視認、デモグラ情報などを収集し、入店率を出せるようにしました。

実はこの過程でも一度検証が行われています。パネルの価格は前述のとおり液晶のほうが圧倒的に安いのですが、屋外では輝度が不足して太陽光に負け、黒っぽくなってしまいます。それがどこまで視認に影響を及ぼすのか、わざわざ高いLEDパネルを使うほどの差があるのかについても、事前に2パターン製作して実験を行っています。

結果は、圧倒的にLEDが優れていました。実際、晴れた日に屋外に両方を設置して比較すると、誰の目にも輝度の違いは明らかで、LEDはとにかく目立ち、きれいな映像が野外でも映えることを認識してもらうことができました。そこで、本格実験はLEDパネルで行うこととなったのです。

デジタルサイネージの製作や設置は、当社がすべて請け負いました。完全オリジナルのオーダーメイドで、設置場所の採寸からはじまり、筐体《きょうたい》製作や部品集め、電源や通信、制御系などのソフトウェア、そして安全な設置に至るまで、すべて一貫して請け負った形です。これもまた、造作が得意な「看板屋」の対応力のうちです。

さらに取得データの分析、レポートの作成まで当社が行いました。正確にはわかりませんが、全国でここまで一貫して業務を遂行できる企業はほとんどないのではないかと

二つのパネルをV字状に組み合わせたAIカメラ搭載デジタルサイネージ

思います。

■圧倒的な視認率、入店数UPを実現

こうして設置されたデジタルサイネージですが、動画が表示できるようになって若年層への訴求も高まり、入店数も目に見えて増加したことがわかりました。

特に視認率を比較した場合、懸垂幕よりも視認が高まった分、入店数もそのままパラレルに上昇する相関関係が見出せたという評価をいただきました。施策を行う前と比較して、視認率が「数倍」に改善されました。費用対効果の面でも十分すぎるほどの成果でした。デジタルサイネージの製作費や運用コストを考えても、数倍のレベルで視認数が上がるのはもはやできすぎの世界で、マス媒体での広告にも十分匹敵する、しかも効果測定までできる施策として評価を受け、現在も取り組みは続けられています。

この実験では入店までで、POSデータとの連携などは行われませんでしたが、将来的にはAIカメラの視認で取得されたデモグラに応じて表示する商品やクリエイティブを変えるといった可能性を十分に想像させるものでした。デジタルだけに、懸垂幕などと比較しても配信内容の差し替えはごく容易です。規模が大きいチェーンほど大量導入

でデジタルサイネージのコストは下がる一方、運用コストの削減効果は反比例して上がっていくことになります。

また、懸垂幕のような物理的な部材を大量に製作、消費し、廃棄を繰り返すことは、長い目で見れば環境負荷の面でも見逃せない重荷となりかねません。

あるいは近いうちに、日本発の新しい技術として世界を席巻する日が来るかもしれない。そんな手応えも感じたのでした。

RETAIL MEDIA CASE 3

セブン-イレブン・ジャパン

日本最大のリテール企業は
すでにリテールメディアの将来を見据えている
新たな取り組みで見えた可能性と課題とは?

すでにリテールメディアの可能性に気づいている

序章でも紹介したように、インスタグラムよりも「トラフィック」が多いといえる全国のセブン-イレブンは、恐らく大手小売業のなかでも積極的にリテールメディアの開発に取り組んでいる企業の一つといえます。すでに専任の部署も作られており、最終的には社外の広告主に広告枠を販売し、リアル空間で小売業とは別個の収益を上げるところまで見据えています。

同社から協業のご提案をいただいたのは、直営店舗へのAIカメラ付きデジタルサイネージの設置から、コンテンツの配信などの運用、取得したデータの分析とレポートの作成です。

当初は2022年に12店舗でスタートし、その後手応えを得て現在では100店舗近くまで範囲を広げて検証を続けています。日本最大の小売企業グループ、そして日本最大のコンビニエンスストアとの協業は、当社の実績を評価していただいたことと同時に、新しい知見を得るための貴重な機会とも考えています。

■安全第一で設置しなければならないというハードル

セブン-イレブン・ジャパンとの協業は、前述の大手外食チェーン企業とは違い、部材などの手配や導入に関しては、すでに自社で十分な実績やルートを構築している一方で、それを店頭に取り付ける場合のさまざまな知見については事例が少なかったため、当社が補完し、アドバイスするという立ち位置でした。同社はこれまでの事業のなかでいろいろな部材を実際に扱い、ノウハウを持っている一方で、リテールメディアまでの展開を見越したデジタルサイネージの運用については初めてとなるため、このような形での協業になりました。

私たちが関わったことを挙げると、たとえばデジタルサイネージをどのくらいの大きさで展開するのがベターなのか——デジタルサイネージを2枚つなげるか、3枚つなげるか——設置位置は店舗のどこがベターか——数十キロもあるデジタルサイネージが万が一にも落下しないような安全性を確保するための設置のノウハウ——AIカメラを取り付けるとしたらどこにどう取り付けるべきか——、といった内容です。

当社がこれまで蓄積してきた知見だけでなく、それをコンビニエンスストアというリアル空間でどう実現していくのか、データを集め実験を繰り返しながら、根拠のある形で結論を導いていく作業を重ねました。

また、取得したデータの分析法や活用法についても支援を行いました。

■自社商品の販促は成功、リテールメディア化への道は？

AIカメラ付きのデジタルサイネージを設置し、まずは自社オリジナル商品の広告を露出して、効果を探る実験が始まりました。ここでは、クリエイティブなどのABテスト、時間帯や天候による掲出内容の変更などを行いながら、一定の効果を上げることに成功しました。同社では持続的に実験の規模を拡大しつつあり、当社も引き続き協業を行っています。

現在のフェーズは、効果の測定と運用のノウハウ蓄積がメインですが、今後は実際に広告主にニーズが生まれるのか、広告媒体として価値が生み出せるのかを試すことになるでしょう。確かに、仮にフランチャイズ店舗も含め、AIカメラとデジタルサイネージの組み合わせが普及することは、巨大な広告メディアの誕生を意味します。すでに何かを買いたい、という動機を持って来店されているお客さまに、たとえば年齢や地域などでセグメントしながら広告主がアクセスできるようになれば、大きなインパクトをもたらすのではないでしょうか。

もっとも同社でさえ、現状はまだまだ検証と実験の段階であって、リテールメディアとして確立されている段階ではありません。しかし、たとえば単一の商品をプロモートしていくような使い方であれば、かなり高い効果が期待できるのではないかと見ています。特に、セブン‐イレブン店頭での売上が大きいメーカーなどは、一般的な広告費と比較して、得られる効果が大きくなることが期待できます。今後さらに実験が進み、自社広告以外の実験がどのような結果を生み出すか、そしてそのデータが広告の世界にどれだけのインパクトを与えるか、今から楽しみです。

また、これは私見ですが、大きなデジタルサイネージだけでなく、小さな隙間の滞留時間をすくい上げるコンビニのような媒体であれば、決済や商品の袋詰め、コーヒーを抽出している時間の十数秒の間に訴求できる方法の発掘や開発など、リアル空間ならではのいろいろな面白みがありそうです。

■リテールメディアをリテール頼みで広げていくことの難しさ

同時に、一般論として、いくつか見えてきた課題もあると感じています。これも私見ですが、2点述べておきたいと思います。

まず、この章では「視認率」という言葉を何度も述べていますが、現状ではリテールメディアを論じる際、視認率の一定した定義が存在していません。

たとえばデジタルサイネージの前で視認した人の率と、レジの前で視認した人の率では大きく差が出てしまいますが、現状ではどちらも視認率という単語で一括して語られているため、誤解や、過小評価・過大評価が起こりやすくなっています。これは、テレビで言えば視聴率の定義と同じことです。どこかの段階で統一されることが望ましく、広告主がさまざまなリテールメディアを横で比較検討できるような環境作りがあって然るべきでしょう。

そしてもう一つは、自社商品の広告だけで、AIカメラ×デジタルサイネージにかかる投資を回収することの難しさです。リテールメディアを外部に販売せず、自社商品のみを訴求した場合の購買リフトだけでは、相当長い期間を見越したとしても初期投資を回収するのは厳しいと言わなければならないでしょう。

セブン-イレブンの場合であれば、たとえば実験で自社商品の新製品「セブンプレミアムゴールド　金のハンバーグ」の広告を掲示しました。同商品の売上は然るべき上昇を見せましたが、コンビニ1軒で3000点もの商品を扱っている以上、数点の購買リフト効果で得られる収益だけでは、初期投資の回収には遠い数字にならざるを得ません。必ず、リテールメディア化まで持ち込み、広告収入の獲得まで至る必要があると感じました。

購買リフト＋広告収入を目指して

この問題はセブン-イレブン・ジャパンとも共有をしています。そしてリテールの巨人である同社には、決してデジタルサイネージだけがあるわけではなく、通常の広告やウェブ広告、さらにスマホアプリなどを通じて消費者とつながっているわけで、相乗効果を期待しながら購買の最後のひと押しにつながられるのではないか、という見解を持っていると感じます。やがては、ある地域にやってきたある年齢の男性や女性に対して、一瞬で彼らに売れ筋の商品を複数提示できるようになれば、単体の商品広告とは比較にならない購買単価の上昇につながられるかもしれません。

同時に、私たちの立場からは、セブン-イレブン・ジャパンのような超・大手企業が、リスクを取った上で中長期的な視点でリテールメディアの開発に持続的に関わってくださっていることには、心強さ、そしてありがたさを感じています。

この動きを見て、全国のさまざまなリテール企業がリアル空間のリテールメディア化に関心を持ち、面的に広範囲なつながりができればできるほど、リテールメディア全体の魅力、ポテンシャルは高まっていくでしょう。

今後も同社とのさまざまな協業を通じて、課題の発見と解決、そして知見の蓄積ができればと考えています。

RETAIL MEDIA CASE 4

三井不動産・SUPER STUDIO

これまで効果測定や検証が困難だったポップアップストア
「やりとげた達成感」だけではわからないデータを測定
適切な賃料が割り出せ、双方に大きなメリットが

■渋谷に登場した新しいスポット

2020年、渋谷の宮下公園を再生するプロジェクトの最後として三井不動産が設けた「MIYASHITA PARK」。そのなかに作られた商業施設「RAYARD MIYASHITA PARK」のNorth2階に、新しいタイプのOMO（オンラインとオフラインの融合）型店舗、「THE「　」STORE（ザ・ストア）」があります。

ここは、ECサイトで販売を行うECブランドをシステムで支援しているSUPER STUDIOが、ECブランドを展開している企業向けに、リアル空間で世界観を表現

してもらい、さらなる成長をサポートする場です。通常はリアル店舗を持っていないECブランドが、週単位で「RAYARD MIYASHITA PARK」に出店し、ブランドの認知度を上げる機会を提供するわけです。一方で三井不動産側には、ここでしか体験できないブランドを呼び込めるメリットがあります。

LMIグループは、「THE「　」STORE」のコンセプト設計と店舗デザイン、内装について企画段階からご提案すると同時に、AIカメラを用いて人流行動データを分析できるよう設計を行いました。

■ポップアップストアの効果測定、という新しいプロジェクト

このプロジェクトのポイントですが、OMO型店舗を含むポップアップストア（コンセプトストア）については、そもそも効果測定がほとんど行われてこなかったという「問題」がありました。それを実際のデータで検証し、マネタイズにまでつなげていくことが目標です。

たとえば、なんらかのポップアップストアを出店する場合、出店側は得てしてその設置や運営、広報、撤収作業などで手一杯になりやすいものです。通常のビジネスに加え

て行っている作業ですし、より肌感覚に近い考え方をすれば、ポップアップストアには一種のお祭り感やイベント感があります。そこに、出店する側も訪問する側も魅力を感じている面が色濃くあると感じます。

しかし、ポップアップストアが無料で出店できない以上、実質的には広告を出稿していることと同じです。出稿したことでどれだけ効果があったのか、売上につながったのかについては、客観的なデータで検証できたほうがいいでしょう。楽しく充実していてよい経験になったけれど、賃料と比較してあまり売上には貢献しなかった、というのであれば、その後の施策は再検討されるべきでしょう。

■適切な賃料、「場所の力」も測定できる

同時にこの効果測定は、反対側から見た場合、ポップアップストアのある「場所」にどれだけの価値があるのかを測定する重要な手段にもなります。

ポップアップストアの賃料が適切に設定されているかどうかは、人流や入店率、売上などのデータを何社も比較検証してみることで、初めて合理的に割り出せるようになるはずです。

渋谷にあるOMO型店舗「THE [　] STORE」

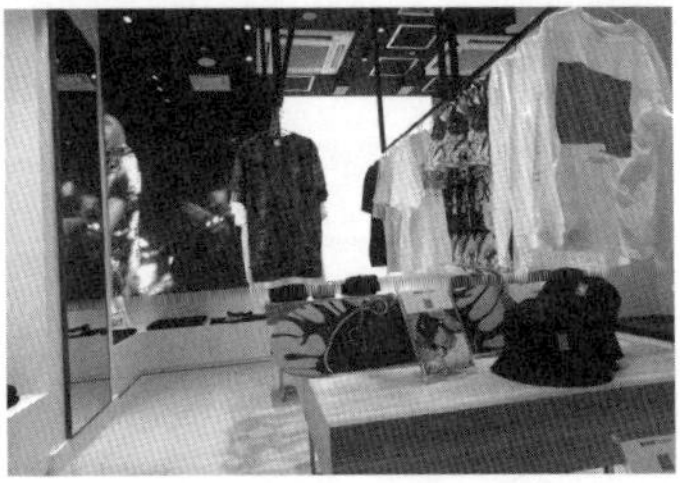

第2章で述べた伊勢丹新宿店で経験した、「ウインドウ・ディスプレイの価値」とよく似ていると思います。あるいは、ウェブサイトの広告料がトラフィックなどさまざまな指標で評価されて決まっているのと同様のことができれば、ポップアップストアの賃料も、レベニューシェアで変動させるビジネスモデルを絡ませながら、設定しやすくできるはずです。こうした考えを私たちが両社にご提案し、コンセプトの段階から協業して実現に至ったのが「THE［　］STORE」なのです。

■さまざまなキャッシュポイントが明確に

「THE［　］STORE」は、ECブランドが1週間単位で入れ替わる前提のもとに、実際に「出店」するECブランド側にデータを提供できる形で、AIカメラを用いて、店舗前交通量、入店数（入店率）、デジタルサイネージ視認数（視認率）、店舗内の回遊、購買率までを直結させることができます。前述のとおり、この出店に対する投資が実際にどういった効果に結びついたのか、すべてデータで検証できるわけです。

また、店舗を訪れた際の購買は、あえてその場からECサイト上で行ってもらうことにして集計しやすくし、その場では購買しなかったものの、のちにECサイトで購買したお客さま、LINEで「友だち」になってくれた数などのデータも提供を受け、集計することができる形にしました。

同時に、私たちは店舗デザインのプロとして、たとえ1週間の出店であっても、ブランドの世界観を可能な限り表現できるよう、デジタルサイネージでの表示や可動式の什器などでできるだけカスタマイズでき、内装工事費の負担が少なくて済む形態を目指しました。

それまで、三井不動産ではこのタイプの店舗の賃料を提案する場合、固定賃料や物販歩合を根拠にするしかなかったのですが、私たちとの協業で、入店歩合やインプレッション歩合、LTV（顧客生涯価値）歩合といった新しいキャッシュポイントを見出し、その最大化を目指すことができるようになりました。

こうして、然るべき賃料を割り出し、「大家」も出店側もフレキシブルな価格で折り合える仕組みやモデルは、私たちが開発したもので、すでに特許を取得しています。

ウェブ広告のような効果測定がこうした形でできることは、事実上、リアル店舗自体にもウェブサイトのようにキャッシュポイントが見つかり、よりスムーズで合理的な取引が行われやすくなることを意味しています。

第4章

新しいリテールメディア AdCoinz（トクスルビジョン）とは?

リテールメディアの現在地とは?

4社とLMIグループの取り組みをご紹介しました。こうした最先端、最前線での取り組みを見て、改めてリテールメディアの可能性や魅力を再認識していただけたのではないかと思います。

同時に、第3章の冒頭でもご紹介したとおり、コスト面での負担や、未知の領域が多いことなどへの負担感から、「リテールメディアの可能性や魅力をわかっていても、なかなか動きが取れない」リテール企業が多いのではないか、という仮説を、私たちもまた感じてきたところです。

そこでLMIグループでは、全国のリテール店舗を対象に、リテールメディアに関する独自の意識調査を実施しました。まずはその結果と、考えられる仮説などを述べていきたいと思います。

この「インストアリテールメディアに関する意識調査（2024年）」は、同年2月、一般消費者向け実店舗を31店舗以上保有する国内の小売企業に勤めるリテールメディア

図表4　インストアリテールメディアの導入率は約6割

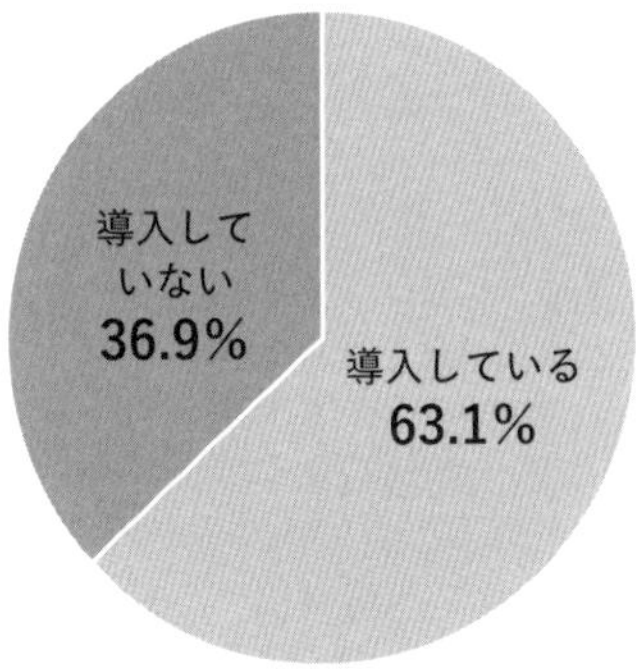

図表5　インストアリテールメディアの導入意向は約8割と関心度は高い

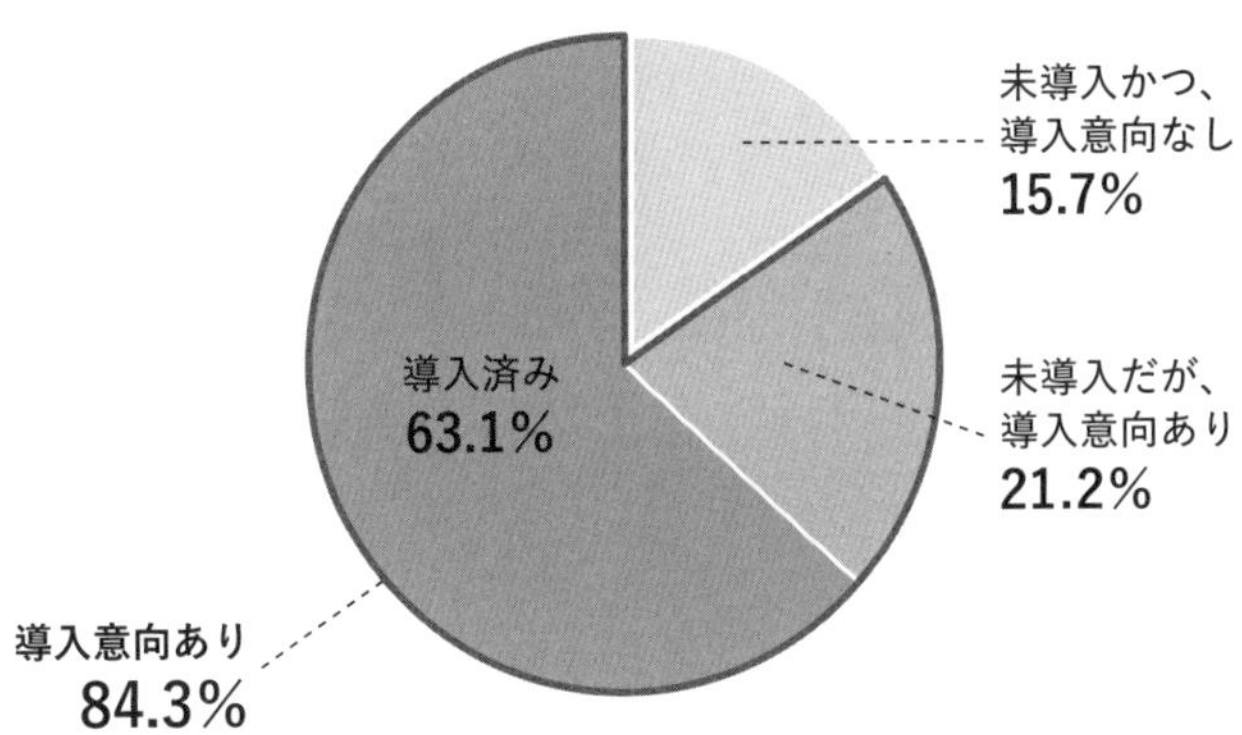

出典：「インストアリテールメディアに関する意識調査（2024年）」より

図表6　リアル店舗で取得したデータの活用について

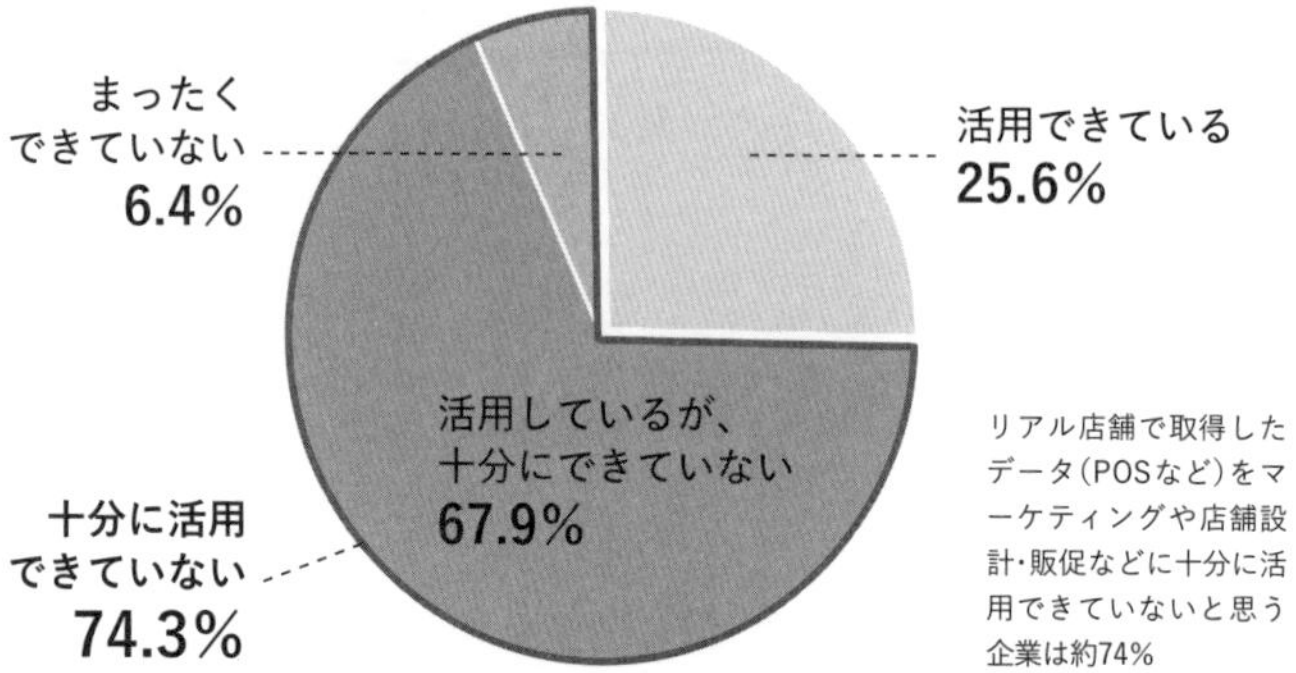

出典：「インストアリテールメディアに関する意識調査（2024年）」より

導入における意思決定者、合計312名を対象に、インターネットによるアンケート回答方式（調査会社：株式会社ネオマーケティング）で実施し、同月公表したものです。

ここで言う、インストアリテールメディアとは、デジタルサイネージなど、リテール企業が実際の店舗内、リアル空間で保有している広告媒体を指します。

インストアリテールメディアの導入状況については、63・1%の企業が「導入している」と回答しました（図表4）。

一方で、未導入と回答した企業のうち、インストアリテールメディアの導入意向に関する質問では、半数以上の57・4%が「導入意向あり」と回答、すでに導入済みの企業も含めると、84・3％の企業にインストアリテールメディアの導入意向があることが明らかになりました（図表5）。

このことから、リテール企業はインストアリテールメディアの導入に対して前向きであることがわかり、関心が高まっている現状も見て取れます。

POSなどのリアル店舗で取得できるデータを、マーケティングや店舗設計、販促などに活用しているか、という質問では、約74％もの人が「活用しているが、十分にできていない」もしくは「まったくできていない」と回答しました（図表6）。

さらに、前の設問でインストアリテールメディアを導入していると回答した企業の64・5％、未導入企業の91・3％が「十分に活用できていない」と回答、リテールメディアを導入している企業のほうが、より活用できていることが判明した反面、導入企業でも6割が十分に活用できていないと感じていることが明らかになりました。

インストアリテールメディア導入の意向があるにもかかわらず、導入に至っていない理由として、全体のなかで最も多かった回答は「初期投資や導入コストが高い（56・4

図表7　導入意向があるにもかかわらず導入に至っていない理由

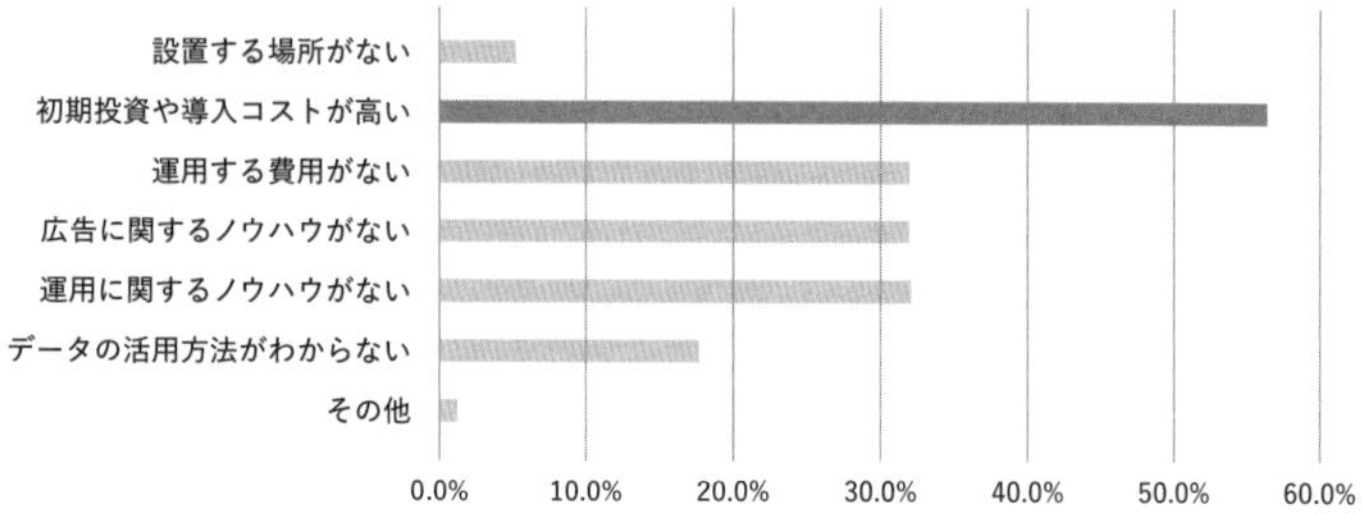

1位は初期投資や導入コストが高い(56.4%)

出典:「インストアリテールメディアに関する意識調査(2024年)」より

%)」。次いで「運用する費用がない（31・8%)」、「広告に関するノウハウがない（31・8%)」、「運用に関するノウハウがない（31・8%)」がいずれも同率2位という結果でした（図表7)。システムや設備の導入、継続して運用していくコスト面、広告運用に対するノウハウ面でハードルが高いイメージを持っている企業が多いことがわかりました。

インストアリテールメディア導入の意向がないと回答した企業の、その理由として最も多かったのは「設置する場所がない（24・5%)」と、「設置する費用がない（24・5%)」が同率1位となり、「運用に関するノウハウがない（22・4%)」が3位でした（図表8)。

図表8　導入意向がない理由は「設置する場所がない」「設置する費用がない」

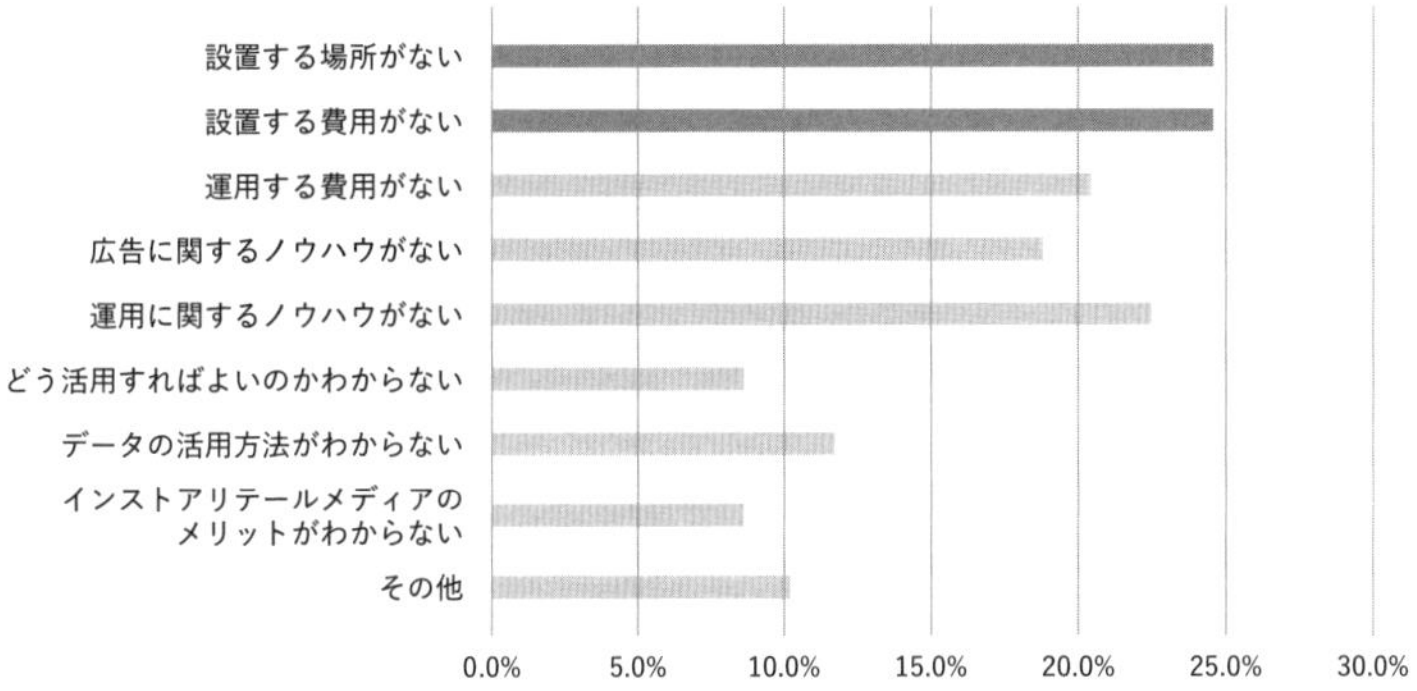

出典：「インストアリテールメディアに関する意識調査（2024年）」より

導入意向の有無にかかわらず、コストの問題が大きな課題になっていることがわかりました。また、デジタルサイネージをどこに設置すればいいのかわからない、設置する場所がないと思われており、設置したとしても運用に関する費用やノウハウにも課題を持っていることがわかりました。

インストアリテールメディア未導入の回答者のうち、「サイネージ設置のハードルが下がり、安定的な収益が得られるなら導入してもよい」と回答した企業は74・8％、「より詳細な顧客データが取得できるのであれば導入してもよい」と回答した企業は72・2％にのぼりました（図表9、10）。

図表9　「サイネージ設置のハードルが下がり、安定的な収益が得られるなら導入してもよい」と思う企業は約75％

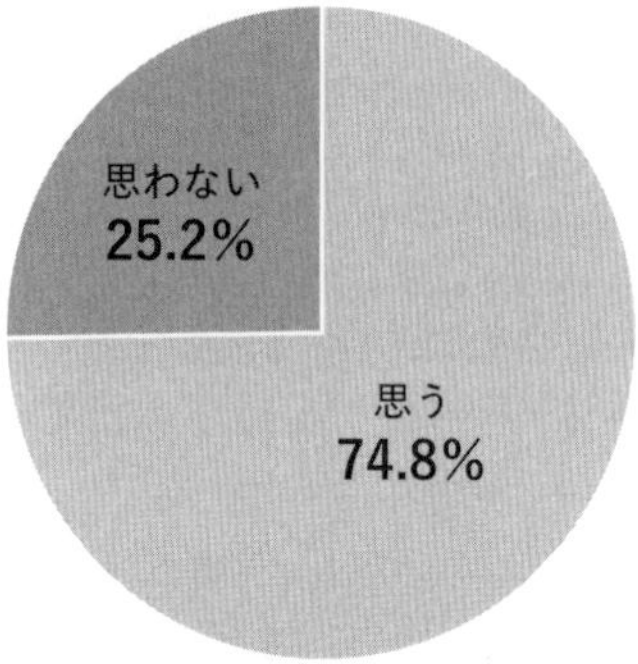

図表10　「より詳細な顧客データが取得できるのであれば導入してもよい」と思う企業は約72％

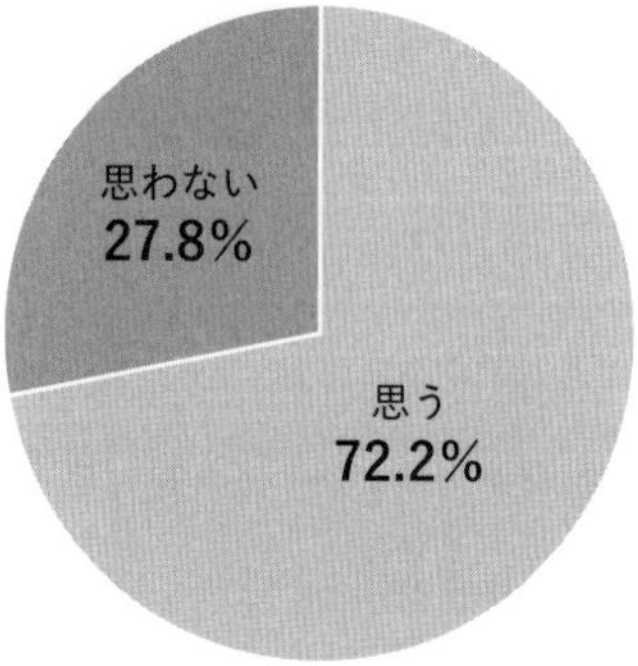

出典：「インストアリテールメディアに関する意識調査（2024年）」より

リテール企業の関心は高いが、ハードルも高い

こうした結果から見えてくるのは、リテールメディアのもつ可能性は認識していても、コストや収益面、データ取得や活用ノウハウ面でのハードルが高いために導入をためらっている人が少なくないこと、そして導入していても活用し切れてはいないことです。

また、現時点で未導入であっても、こうしたハードルがクリアできれば導入や活用に前向きな企業と、すでに導入済みの企業を合わせると、この調査では全体の約84％にものぼることがわかりました。

日本でリテールメディアを発展させていくためには、リテールメディアに関わっているそれぞれのプレーヤーが、リテール企業の負担感を下げていく取り組みをしなければならないことを強く示していると感じます。

ところで、現時点で日本のリテールメディアを取り巻く企業は、ジャンルごとにさまざまなプレーヤーが存在しています。私たちもまたその一部であるわけですが、ある意味、まだ混沌としていて、細かなカテゴリーに分かれていると見なされている状況です。

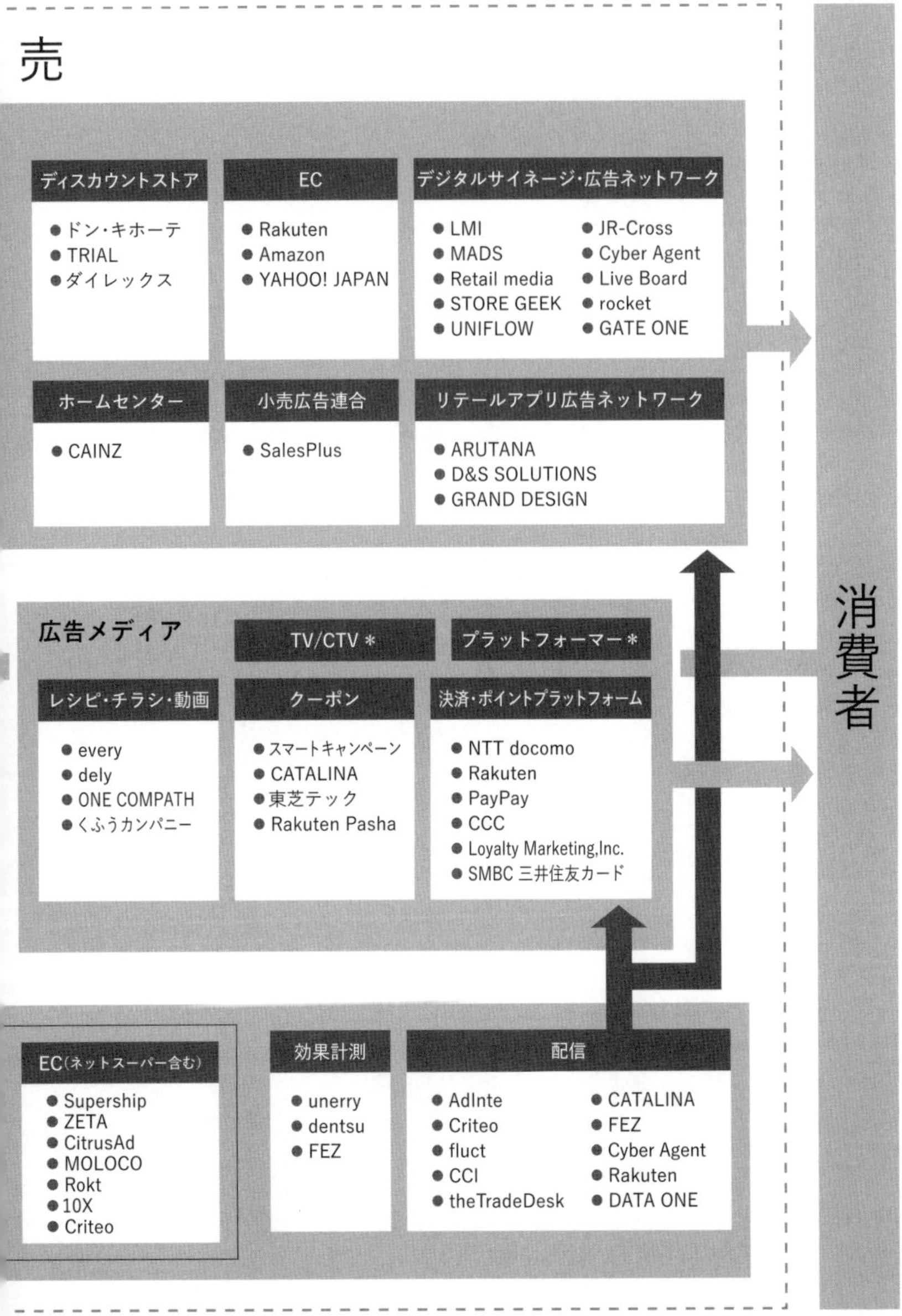
売
ディスカウントストア
ドン・キホーテ
TRIAL
ダイレックス
EC
Rakuten
Amazon
YAHOO! JAPAN
デジタルサイネージ・広告ネットワーク
LMI
MADS
Retail media
STORE GEEK
UNIFLOW
JR-Cross
Cyber Agent
Live Board
rocket
GATE ONE
ホームセンター
CAINZ
小売広告連合
SalesPlus
リテールアプリ広告ネットワーク
ARUTANA
D&S SOLUTIONS
GRAND DESIGN
広告メディア
TV/CTV ＊
プラットフォーマー＊
レシピ・チラシ・動画
every
dely
ONE COMPATH
くふうカンパニー
クーポン
スマートキャンペーン
CATALINA
東芝テック
Rakuten Pasha
決済・ポイントプラットフォーム
NTT docomo
Rakuten
PayPay
CCC
Loyalty Marketing,Inc.
SMBC 三井住友カード
EC（ネットスーパー含む）
Supership
ZETA
CitrusAd
MOLOCO
Rokt
10X
Criteo
効果計測
unerry
dentsu
FEZ
配信
AdInte
Criteo
fluct
CCI
theTradeDesk
CATALINA
FEZ
Cyber Agent
Rakuten
DATA ONE
消費者

※株式会社CARTA HOLDINGS、株式会社unerry「リテールメディアカオスマップ2024年版」をもとに作成

図表11　リテールメディアに関わる業界マップ　＊プレーヤーが多数存在するため、個別企業名を省略

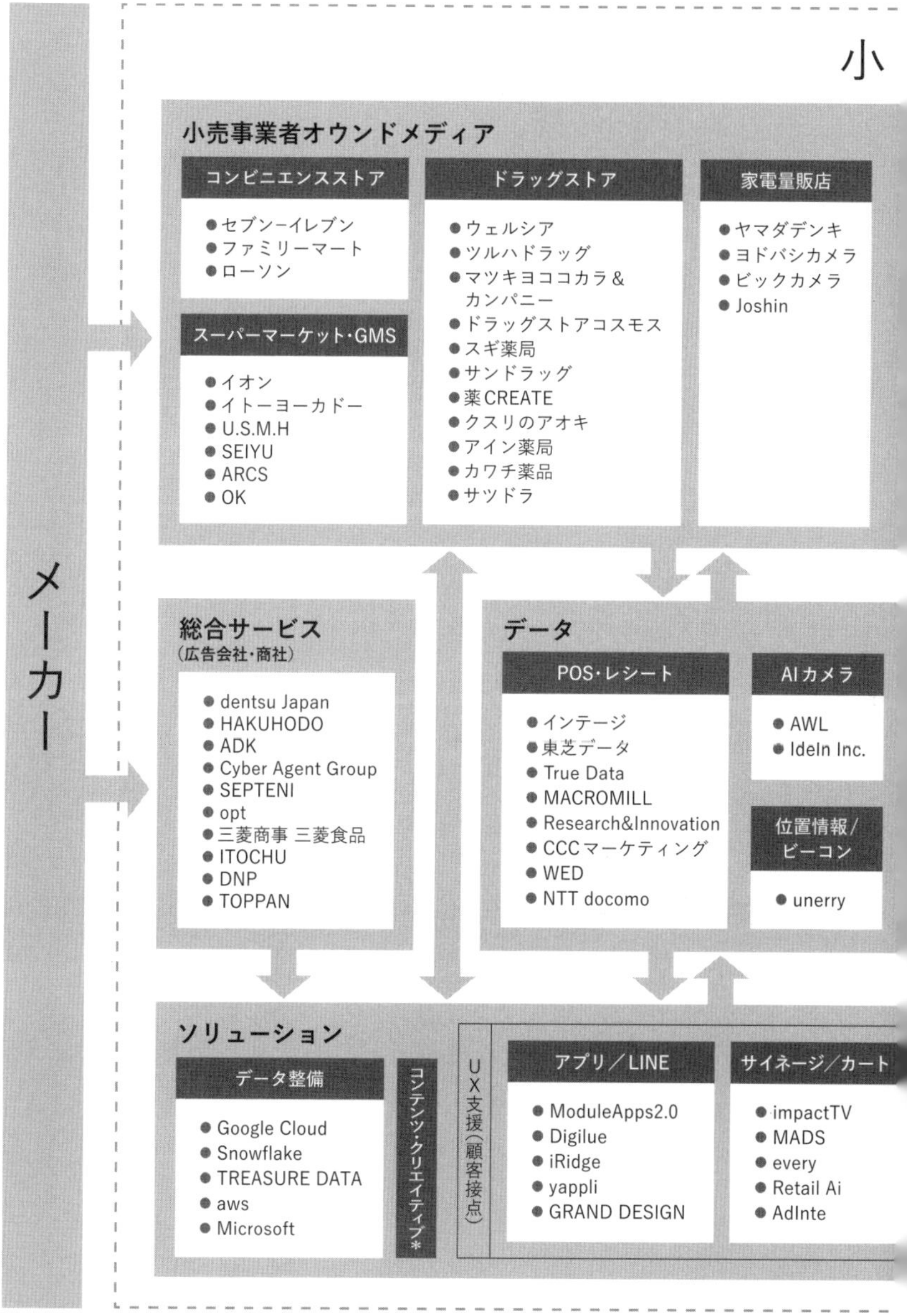

メーカー
小
小売事業者オウンドメディア
コンビニエンスストア
●セブン-イレブン
●ファミリーマート
●ローソン
スーパーマーケット・GMS
●イオン
●イトーヨーカドー
●U.S.M.H
●SEIYU
●ARCS
●OK
ドラッグストア
●ウェルシア
●ツルハドラッグ
●マツキヨココカラ＆カンパニー
●ドラッグストアコスモス
●スギ薬局
●サンドラッグ
●薬CREATE
●クスリのアオキ
●アイン薬局
●カワチ薬品
●サツドラ
家電量販店
●ヤマダデンキ
●ヨドバシカメラ
●ビックカメラ
●Joshin
総合サービス
（広告会社・商社）
●dentsu Japan
●HAKUHODO
●ADK
●Cyber Agent Group
●SEPTENI
●opt
●三菱商事 三菱食品
●ITOCHU
●DNP
●TOPPAN
データ
POS・レシート
●インテージ
●東芝データ
●True Data
●MACROMILL
●Research&Innovation
●CCCマーケティング
●WED
●NTT docomo
AIカメラ
●AWL
●Idein Inc.
位置情報／ビーコン
●unerry
ソリューション
データ整備
●Google Cloud
●Snowflake
●TREASURE DATA
●aws
●Microsoft
コンテンツ・クリエイティブ＊
UX支援（顧客接点）
アプリ／LINE
●ModuleApps2.0
●Digilue
●iRidge
●yappli
●GRAND DESIGN
サイネージ／カート
●impactTV
●MADS
●every
●Retail Ai
●AdInte

そして、横断的、包括的にリテールメディアをまとめ上げていく企業がどこなのか、はっきりしていません。

図表11は、株式会社CARTA HOLDINGSと、株式会社unerryが分析、作成した「リテールメディアカオスマップ2024年版」をもとにしたものです。

当社は「デジタルサイネージ・広告ネットワーク」のカテゴリーに入っているわけですが、相当簡略化したこの図でも、広告、リテール、ウェブ、機材、ソリューションなど、曼荼羅のような混沌とした状況を感じ取っていただけるのではないかと思います。私たちも含め、提携や協業、取り組みがいろいろと行われています。多少格好よく表現すれば、群雄割拠、戦国時代の様相です。

問題は、いったいどのプレーヤーがリテールメディアを統合的にパッケージしていくのか、それもこれまで付加価値創出に苦しんできたリテール企業が感じるハードルをできるだけ、しかも全体的に下げながら、あきらめることなくリテールメディアを導入し、データを自ら手にしつつ広告媒体化へとつなげ、統合スキームを作り出せるのかです。

反対から見れば、そこを巧みに統合できる企業がなかったからこそ、今までなかなか日本でリテールメディアが注目を浴びにくく、普及が進まなかった面があるのではないでしょうか。

すでにリアル空間で起きている出来事や、人の流れから購買に至る細かなデータは取得できるようになっています。これを、ウェブ広告でＧＡＦＡがしてきたようにマネタイズし、自社のために、そしてニーズに応じて他社、さらには消費者のためにも使えるようにしたいものです。

AdCoinz誕生までの流れ

第3章で見てきた、有名でブランド力があり、いろいろと試行しながら知見を蓄えられる企業の取り組みは、それ自体が称賛に値しますし、今後の発展に大きく役立つ経験ばかりです。

しかし私たちは同時に、問題意識はあっても投資余力が限られ、専任の人材もあてがえず、単独ではなかなかハードルを越えられない日本の多くのリテール企業をつなぎ、データ化しながら生産性を高め、日本発の発想やスキームで、伸び悩む日本経済を引き上げていきたいと考えています。

当社の社名はＬＭＩグループです。ＬＭＩとは「レガシー・マーケット・イノベーション」を指すことはすでに述べたとおりです。

レガシー、すなわち古き良き日本、そして今まで生産性という観点からは後回しにされ続けてきたフィールドを活性化し、みんなの力を合わせて成長させていくにはどうしたらいいのか。長い間１２００社のお取引先とレガシーな業態で関わらせていただいたからこそ、そこをどうにかできないかという思いがあります。

ただでさえ少子高齢化のなかで、日本は年々苦しくなっていると感じます。消費者の購買力は弱まり、リアル空間でがんばっている方たちの所得はなかなか上がらず、リテール企業は生産性の低さに苦しんでいます。かといって、これ以上ハードワークをしながらディスカウントで争ったところで、明るい未来はなかなか見えてきません。

そして、効率のよいウェブ広告の世界で、長年日本の消費者が味わってきたネガティブな感覚、少し厳しく言えば搾取に近い状況をなんとかしなければなりません。このタイミングで訪れたサードパーティークッキー廃止の流れは、そのためのよい機会と捉え、活用したいものです。

日本に暮らす人々は、リテールメディアが進んでいると言われているアメリカとはまた違った「消費の世界」を生きています。ＥＣサイトやアプリに広告を設置すればそのままリテールメディアになるわけではありません。その代わり、ＧＡＦＡでさえも踏み込みにくかった領域が多く残されています。ここは、いまだデータ化されていないか、されていても活用されていません。

私たちは、大切なデータをお預かりしつつ、リテールも消費者も広告主も、「三方よし」を実感できる形で、「データの民主化」、そして「広告の民主化」を達成しながら、日本経済の問題を解消できる機会を作りたいと考えてきました。

その結果構築した新しいリテールメディアのスキームが、「ＡｄＣｏｉｎｚ（トクスルビジョン）」なのです。

ＡdCoinzの基本的なスキーム

リテールメディアは可能性が高く、意義や大切さも理解しているものの、各リテール企業がリテールメディアに進出するには、負担や課題が大きい……リテール企業が長い間抱えてきた、投資負担の重さ、運用・営業の難しさ、媒体作りの難しさ、効果測定の難しさ……などをまとめて解決し、リテール、広告主、消費者すべてがメリットを実感できるリテールメディアを作りたい――。

ＡｄＣｏｉｎｚは、そうした考えのもと、２０２３年11月に始まりました。リテールメディアとして使用する独自の端末を当社で開発した上、すでに実績も重ねています。後ほど代表的な事例をご紹介します。

まず、ＡｄＣｏｉｎｚの特徴や仕組みを、リテール、広告主、来店客別に整理すると、次のようになります（※「ＡｄＣｏｉｎｚ」は２０２４年12月より「トクスルビジョン」にサービス名称を変更予定）。

図表12　三方よしの新たなリテールメディア「AdCoinz」

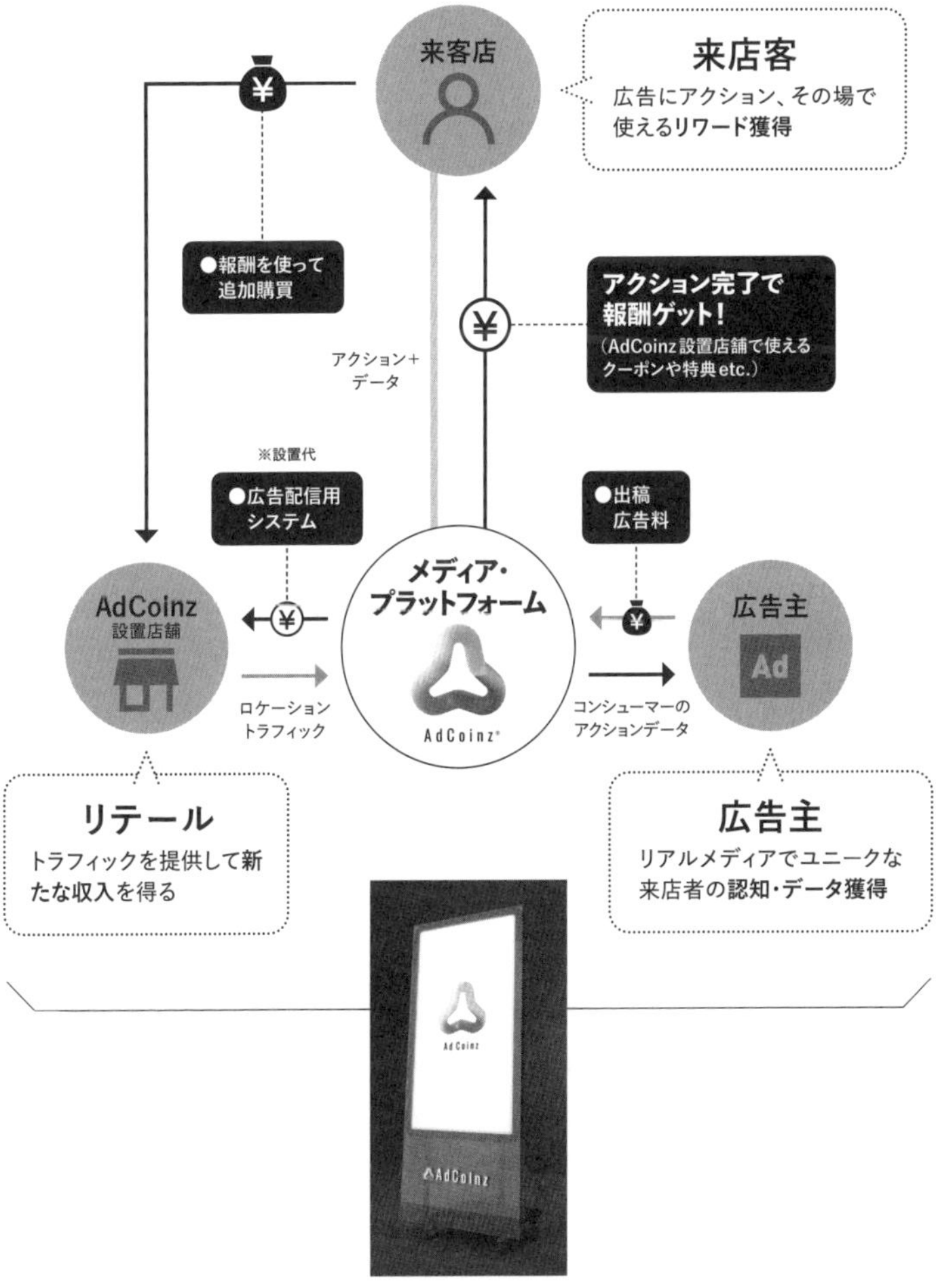

▼リテール

・提供するのはロケーション（置き場所）とトラフィック（人流）のみ
・運用はAdCoinz側で行う
・設置によって設置代を得られる
・来店者のデータを得られる
・来店客が受けた「リワード」が売上に加わる可能性がある
・広告料からのレベニューシェアが得られる

リテール企業が提供するのは、基本的に設置場所（＋通信手段や電源）のみ、つまり普段店頭に訪れるお客さまの「人流」自体が重要となります。

端末機器の代金を負担する必要はなく、技術面も含め、設置もAdCoinz（LMIグループ）側が最適な位置を相談しながら安全を確保した上で行います。その上、AdCoinz側から設置代を受け取れるため、基本的にノーリスクでスタートできます。

設置されるAdCoinz端末がリテールメディアとして機能しますが、機材だけでなく、広告媒体の制作や配信、運用はすべてAdCoinz側で行うため、ランニングに際しての負担も最小化できます。

表示された広告に来店客（消費者）がアクションした場合、来店客は設置場所のリテールで使用できる広告主からの「リワード」、典型的には割引クーポンなどを受け取れ、即座にリテールで使用することができるため、リテール側はいち早い売上アップが期待できます。リテール側からAdCoinzに「人」を配置し、声かけをすることで売上アップを目指すこともできます。

広告を見て広告主のサービスを購買した場合は、リテール企業にもレベニューシェアが行われます。

また、広告が自社の運営にマッチしない場合は、断ることも可能です。

さらに、AdCoinzで収集した来店客の人流データを、相談の上で提供することも可能です。人流の分析など、自社の販売促進のために活用していただけます。

▼広告主

・AdCoinzに広告料を支払い出稿する
・多様なリアル空間の来店客に購買に近いタイミングで訴求できる

・出稿の際に取得したデータを得られる
・ハイターゲティング・ハイエンゲージメントの広告が出せる

広告主は設置場所や地域などに応じて出稿する内容を決め、ＡｄＣｏｉｎｚに対して出稿し、またアクションしてくれた消費者に対してどのようなリワードを提供するかを決めます。来店客は購買意図があることが多く、その場ですぐ使えるリワードには大きな魅力があります。

来店客は、買い物に来るときでも、延々と買い物を続けているわけではありません。待ち時間もあれば、迷ったり悩んだり、ただ回遊していることもあります。ただし、リアル空間に来ていること自体が、消費しようという気持ち、購買に近いところにいることは間違いありません。そんなとき、そのリテールで即座に使用できるリワードに対する反応は高いと考えられます。

さらに、ＡｄＣｏｉｎｚ設置場所の人流、表示した広告に対してどのくらいの方が注視し、アクションを起こしたかなどのデータは、アクションを起こす際に消費者から同意を得た上でＡＩカメラを通じて収集、分析され、広告主に提供されます（２２２ページ参照）。その結果を受けてPDCAサイクルを動かし、速やかな修正も可能です。

AdCoinzは、来店者の特徴的な属性だけでなく、そのときの行動状況や心理状況まで含めたターゲティングが可能です。しかも視認による認知だけでなく、リワードを提供することで何かしらのアクションを行ってもらうことができるハイターゲティングな新しい広告なのです。

▼来店客（消費者）

- AdCoinzへのデータ提供に同意する
- 広告にアクションをすることでその場（リテール）で使える「リワード」（クーポンや特典など）を獲得できる

来店客がAdCoinzに表示された広告やリワードに興味を示した場合、アクションを起こしてくれれば即リワードがQRコードやLINEなどを通じて受け取れ、ただちにAdCoinzが設置してあるリテールで使用可能となります。

アクションとは、QRコードのスキャン、アプリのダウンロード、フォームの記入な

図表13　キャンペーン分析の図

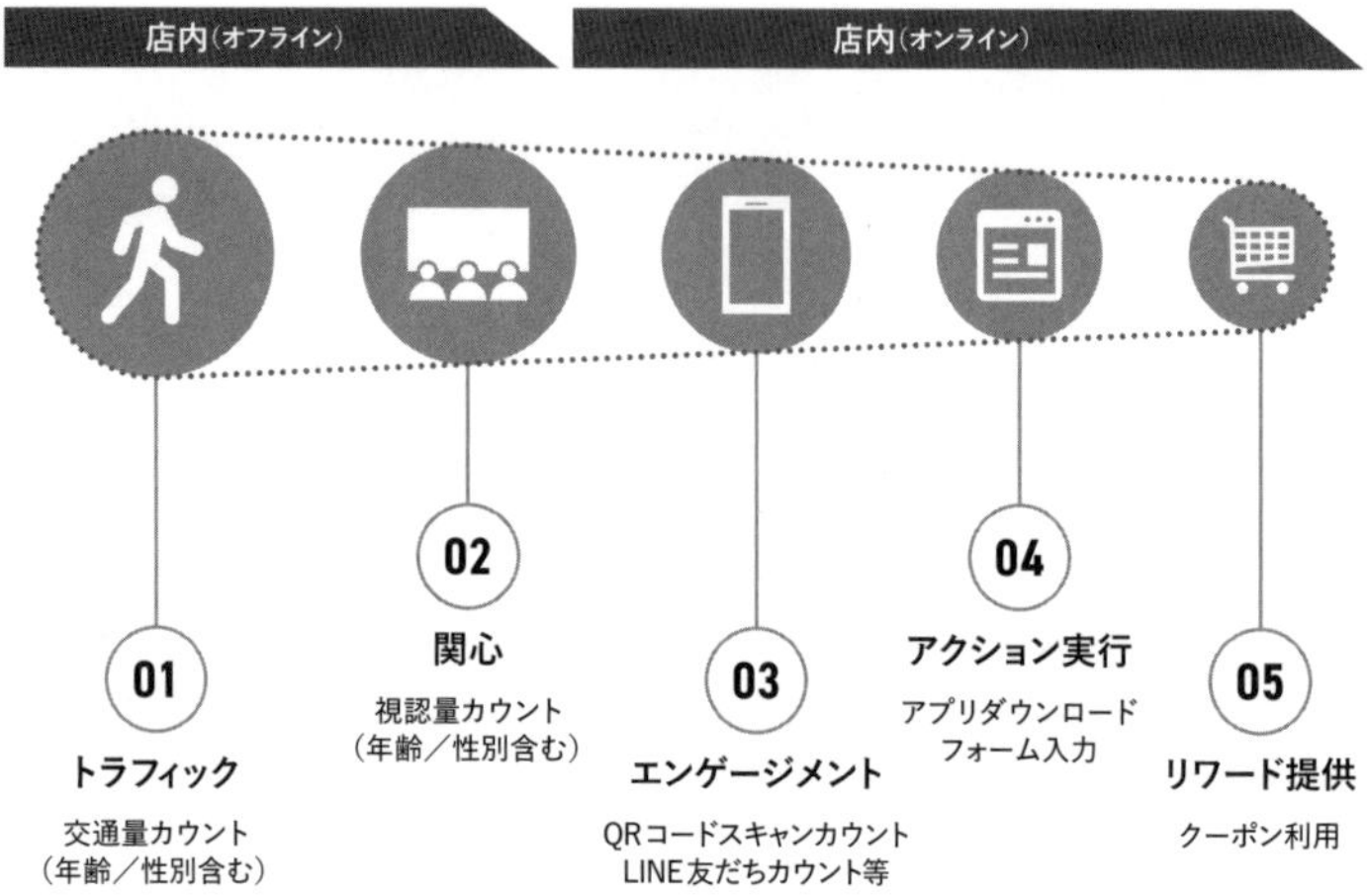

リアルタイムのキャンペーン分析が可能なため、
広告主はキャンペーンの最適化を迅速に行うことができる。

ど で、ＡＩカメラなどを通じデータ収集されます。

こうした形で、ＡｄＣｏｉｎｚで行ったキャンペーンは、リテール店頭からリワード提供まで、つまりオフラインのタッチポイントからオンラインのアクションまでのすべてのジャーニーにおけるパフォーマンスを、リアルタイムデータで追跡できることになります。ありそうでなかった仕組みで、こちらもすでに特許を取得しています。

AdCoinzが「誠実」であり続ける理由

ＡｄＣｏｉｎｚの目指す重要な方向性の一つは、ネットワーク化です。

第3章で述べたセブン-イレブンの取り組みが、もしも全店のリテールメディア化にまでたどり着いた場合、国内でインスタグラムをしのぐ規模の広告媒体にもなり得ることはすでに解説したとおりです。

ただ一方で、たとえば30店舗、１００店舗のリテール企業（それでも相当の規模ですが）がリテールメディア化しても、その企業単体で広告媒体として「売り物」になるかどうかは難しいのではないか、と考えられます。

広告主の立場になってみればわかりやすいでしょう。リテールメディアであればなんでも出稿する、という広告主は恐らく一部です。しかし、ターゲットを絞ることで、手頃な予算ながら高い広告効果を狙うことができれば、リテールメディアはさまざまな使い方ができます。その際、できるだけたくさんのリテールメディアのなかから広告内容に合うものをセグメントし、試行、検証しながら出稿できれば、リテールメディアの価値自体が大きく高まります。関東のコンビニにだけ出稿する、群馬県すべてに出稿する、全国だが書店にだけ出稿する……など、商材や広告の対象によって自由度高く運用できるし、効果を確認しながらの変更も可能になるのです。

そのために、まずは多くの数を集め、面的に拡大する必要があるのは明白です。全国のリテール企業が自発的に連合できればいいのでしょうが、ひと口にリテールといっても業種はさまざまで、そもそも広告が本業ではない時点で困難でしょうし、かといって既存の広告業界やウェブ広告の事業者たちにとっても、かなりハードルが高いチャレンジとなります。

そこで、まずは私たちＬＭＩグループがリスクを取り、自ら中心になって各地のリテール企業をつなげ、データもリテールメディアもネットワーク化していこう、という決断に至ったのです。

端末の開発、製作、設置、運用は私たちが行い、設置代までお支払いするのですから、もしもＡｄＣｏｉｎｚのネットワークが大きく広がらなければ、最もネガティブな影響を受けるのは私たちです。ＡｄＣｏｉｎｚの拡大において、私たちが自ら努力しなければならないスキームですし、リテール企業や広告主にリスクを押しつけるようなことにはならない仕組みを、自らに課しているともいえます。既存のスキームでたとえるなら、日本で独自の発展をしてきたリテールメディアであるタクシー広告の形態に近いとも言えます。

ＡｄＣｏｉｎｚのスキームを考える際、最も気を配ったのは、「私たちは当然、関わってくださる誰もが誠実であり続けられ、誰も搾取されず、誰にでも必ずメリット＝幸せが配分される」ことでした。

誰かをだましたり、ひっかけたり、誤認まがいの手法を使ったりしていくらクリック数を稼げても、広告主は業績に結びつかず、やがて媒体の価値は下がり、ユーザーはうんざりし、あるいは不安になるばかりで、全体としての「幸せ」からは大きく遠ざかってしまいます。

一方で、リテール企業は一般的に来店客をより丁寧に扱うことが期待できるでしょう。大切なお客さまであるだけでなく、何よりリアル空間で対面しているのです。画面の向こう側にいる知らない大勢の人に対してあの手この手でクリック数を稼ぐような方法は、なかなかリアル空間ではできないはずですし、したくもならないのではないでしょうか。

私たちもまた、ＡｄＣｏｉｎｚを導入していただく際には、そのリテール企業が長い年月をかけて構築したブランド、地域との信頼関係をもとに集めた人流、つまりリアルのお客さまを尊重し、大切にする気持ちで臨みます。

その上で、ウェブ広告で成長してきたデータ収集、分析とそこから得られる効率化はよい形でのみ生かしながら、今までなかなか生産性を上げられなかったリテールをつないで大きな価値を作っていく戦略。それこそが、私たちの考える「人を幸せにする広告戦略」の具体的な姿です。

AdCoinzの導入事例　丸善ジュンク堂書店

では実際に、どういう形でAdCoinzが導入されたか、事例をもとに述べていきましょう。

一つ目は、大型書店の丸善やジュンク堂を運営している丸善ジュンク堂書店です。現在まで8店舗にAdCoinzを設置していただいています。

この本は書店で購入されたでしょうか。書店はさまざまなアイデアを思いついたり、出会ったりするのに適した場所ですが、業態としては必ずしも利益率が高くなく、その上、書籍・雑誌などの売上自体も右肩下がりが続いています。

一方で、大型書店の人流は間違いなく魅力的です。知的な好奇心が旺盛かつ学びたいという欲求に対してお金を使うことを好むお客さまが集まってくるからです。こうした方たちにとって、丸善やジュンク堂というブランドは高い価値を持っていますし、新しいものを受け入れる気持ちで店頭に向かい、また回遊しているわけです。

こうした人流をマネタイズし、書籍や文具の販売以外で収益を生み出し、リアル書店、

「街の本屋さん」の持続性を高めるという丸善ジュンク堂書店の課題と、AdCoinｚのコンセプトがマッチし、設置が始まりました。

丸善ジュンク堂書店のＡｄＣｏｉｎｚに最初に出稿してくださったのは、Ｇａｋｋｅｎのグループ会社Ｇｌａｔｓの運営するオンライン英会話サービス「Ｋｉｍｉｎｉ」です。ＡｄＣｏｉｎｚに表示されたＱＲコードを経由してこのサービスに無料会員登録をしてくれたお客さまには、すぐに丸善ジュンク堂書店で使える５００円のチケットがＱＲコードで提供されます。

もともと学びたい意欲が高く、自社のサービスに関心を持った人流に対して、さらに書店で使える５００円を提供すれば、個人情報を提供する大きなアクションの後押しとなります。書店店頭での５００円には、雑誌や文庫本などを無料で手に入れられるだけの価値があります。そして、その分丸善ジュンク堂書店側も売上アップが期待できることになるので、きれいな「三方よし」が完成します。

広告主は、アクションしてくれたお客さまの情報だけでなく、ＡｄＣｏｉｎｚ前の人流や視認率、デモグラなどの情報も併せて取得することができます。

図表14 丸善ジュンク堂書店での来店〜会計時のイメージ図

私が丸善ジュンク堂書店の担当者と話したとき、驚いたことに漫画アプリや電子書籍ストアなどのサービスも、広告主として出稿していただいてかまわないとおっしゃっていました。私は、紙の本を扱う書店と漫画アプリや電子書籍は、競合関係になるから驚いたのですが、その方は、「我々は紙の本であろうと電子であろうと、〝書籍〟自体を読む人が増えてくれることが最重要だと思っていますので」と、その真意を教えてくれました。私は、丸善ジュンク堂書店の視座の高さに感動したのを今でも覚えています。

AdCoinzの導入事例　赤ちゃん本舗

二つ目の導入事例は、本書冒頭でもご紹介した赤ちゃん本舗です。

同社はセブン&アイ・ホールディングスの子会社で、取締役執行役員の土師《はじ》弘明さんが、第3章で紹介したセブン‐イレブン・ジャパン・マーケティング本部リテールメディア推進部総括マネージャーの杉浦克樹さんから、セブン‐イレブン・ジャパンと当社の取り組みを聞きつけ、さらに前述の丸善ジュンク堂書店での事例も踏まえた上で、2

024年6月からＡｄＣｏｉｎｚをフランチャイズ店を除くほぼ全店舗に導入していただきました。

アカチャンホンポの客層は非常に際立っています。妊娠中、もしくは3歳くらいまでのお子さんを育てている親にほぼ限定されているため、マーケティング戦略としてはいかにＬＴＶを高めていくかが不動の目標となります。

同時に、同社が直接扱っていない商品でも、ライフステージの激変に直面している客層にマッチするものは多数あるはずで、他社に対してリテールメディアとしての価値を発揮できるポテンシャルも認識していました。

ところが、土師さんをはじめ同社の方々は、長い間課題を抱えていたといいます。

まずは、ウェブ広告を活用する際のさまざまなリスク。客層が際立っている一方で、妊娠中と3歳児育児中ではかなり内容も方向性も異なり、場合によってはレピュテーションリスク（企業や製品などに関するネガティブな評判や噂の拡散により、企業経営にダメージが及ぶ）も生じかねません。

もう一つは、長年リテールの現場が抱えてきたデータ化やデータ利用の難しさです。

同社では豊かな人流を生かすために、店頭に掲出したポスターにＱＲコードを載せるや

AdCoinzのデジタルサイネージが設置されたアカチャンホンポの店内の様子

り方で会員獲得やアプリのインストール、クーポンの配布などを行ってきたものの、トラッキングが十分にできず、効果測定も困難でした。

つまり、すべきことはわかっていても、リアル空間ならではの事情を乗り越えるブレイクスルー（突破口）がなかなか見当たらなかった状況でした。そこで、私たちとの協業が始まったのです。

そんなわけで、土師さんをはじめとする赤ちゃん本舗の方々のリテールメディアに対する関心や期待、そして何よりも課題を解決してリテールメディアに取り組みたいという「本気度」が極めて高く、私たちとの相談が始まった当初からパートナーとしての思いを共有できています。

ＡｄＣｏｉｎｚ端末を設置してまず展開したのは、保険の広告です。同社の客層はライフステージの変化に伴って保険を見直す可能性は高いものの、同社の店頭で保険を販売しているわけではなく、またそのためのハードルも高くなります。ここでリテールメディアを導入できれば、ＬＴＶを高めること以外に、広告料やレベニューを受け取るという新しい収入源が開発できます。

一方で、保険会社としては同社の際立った客層は魅力的です。お客さまも、今悩んでいる問題が解決できるかもしれない情報を提示される可能性が高まります。まさに三方よしの典型です。

そこで、保険の資料請求に対して店頭で直ちに使用できるクーポンを配布し、広告効果の測定を行えるようになりました。

また、ＡｄＣｏｉｎｚ端末のＡＩカメラによって、同社は初めて店頭における顧客の動きを見える化できるようにもなっています。

こうして、ＡｄＣｏｉｎｚを通してリテールの現場が持っているデータを掘り起こし、高い魅力を持つ広告媒体にしながら、広告主や消費者にもメリットを享受してもらえる状況が実現できました。

今後は、客層にマッチするさまざまな広告、たとえば健康増進、医療、エンターテインメント、さらには地域活性化や行政との連携まで含め、リテールメディアとしての魅力がいっそう高まることが期待できます。お客さまとの関係を大切に育て、ブランドを作り上げてきた同社をハブとして、子育てを巡るさまざまな新しい「かけ算」が生まれそうな予感がします。

同社との協業は、私たちにとっても、非常に速いスピード感で進んだ印象があります。第2章の三越伊勢丹やJINSの例でも述べたとおり、長年リテールメディアについて関心を持っていた方たちは、テクノロジーの進歩や進化、組み合わせなどによって新しい方法やソリューションが実現されたときの反応速度が違うと改めて感じます。

特に同社の背景に感じるのは、単にリテールメディアを使って業績を伸ばしていくだけでなく、企業として、少子化に直面している日本でどのようにお客さまを支援し、より子どもの産みやすい、子育てのしやすい社会にしていくかを日々考え、またその責任を負っているという強い思いです。

私たちも、その一翼を担えることをとてもうれしく思います。リテールの現場から日本の未来を変えていく挑戦に、強く共鳴しています。

AdCoinz導入に向いているリテール企業とは？

AdCoinzは、リテールメディアの導入に踏み切れない企業にも受け入れていただきやすいスキームに落とし込んだと自負していますが、そのなかでも、特にＡｄＣｏｉｎｚと相性のいいリテール企業、あるいは業態があると考えています。

まずは、お客さまとのやり取りのなかで、どうしても待ち時間や余白時間ができてしまう店舗です。

ＡｄＣｏｉｎｚは、視認後にアクションが伴うメディアなので、わずかではあってもアクションを起こす余裕があると、より適しています。

カラオケの受付はまさに典型的で、店員がマイクや伝票などを準備する間に、どうしても隙間が生まれます。このタイミングは、リテール企業やお客さまにとってもできるだけ短縮化できるに越したことはありませんが、それでも限界があります。

ところが広告主の視点でこの時間を見つめ直すと、「カラオケにやってきて今まさに購買に至った消費者」にダイレクトに訴求できる、魅力的な瞬間が生まれていることになります。

この時間を、「三方よし」の形でマネタイズするのがＡｄＣｏｉｎｚのスキーム、というわけです。待ち時間が生まれやすい業態を運営しているリテール企業には、ぜひご検討いただきたいと考えています。

また、従業員とお客さまの間でコミュニケーションが活発な業態も、ＡｄＣｏｉｎｚのポテンシャルを引き出しやすいと感じます。

また、ＡｄＣｏｉｎｚは、アクションを伴うメディアであると同時に、まだ新しい存在です。ＡｄＣｏｉｎｚを認識しているお客さまでも、新しい広告が配信されていることに気づかなかったり、その内容が自分にとってマッチしていると気づきにくかったりすることもあります。

従業員とのコミュニケーションが多い業態で、たとえばひと言だけでもＡｄＣｏｉｎｚに触れる会話や、広告とクーポン取得の関係、お得感などを添えていくと、視認率だけでなく理解度も大きく高まります。他社の広告とはいえ、アクションした結果すぐにお客さまのメリットに結びつき、かつレベニューシェアも期待できるので、スキームとしては店頭で積極的にＡｄＣｏｉｎｚに触れていただきやすい構造になっています。

もちろん同時に、店頭での雰囲気や接客のマニュアルなどを通してブランドや店舗の世界観を演出していることもありますので、この点はあくまでリテール企業の考え方次第でもあります。

そして、来店客のデータを分析したいものの手を打てていなかったリテール企業には、間違いなくおすすめです。

ＡｄＣｏｉｎｚは、図表13でも解説したとおり、大きく5段階に分けてデータを取得し、広告主や私たちが活用していますが、最初の段階にあたる来店客、人流の数やデモグラ分析のデータは、そのままリテール企業にもデータでご提供可能です。併せて、ニーズや課題を解決するための分析方法や活用方法などもお伝えできます。

リアル空間内にリテールメディアは持っていても、人流分析が可能なＡＩカメラなどの特別な機材を設置していないケースは多いのではないでしょうか。そんなリテール企業が、ＡｄＣｏｉｎｚの設置で、自店の運営を改善できる新しい定量データにアクセスできるようになるわけです。

広告主のPDCAにコミットする

次に、ＡｄＣｏｉｎｚに出稿する広告主にどのような価値を提供できるかですが、出稿に至る流れに沿って述べていくことにしましょう。

まず、どんなターゲットに、どのようなクリエイティブで出稿し、リワードとしてどんなものを提供するかが、事前に検討する重要なポイントとなります。ＡｄＣｏｉｎｚの設置数、セグメントなどについては後ほど述べることとします。

クリエイティブは、どのような場所のＡｄＣｏｉｎｚに出稿するか、狙う年齢層などに応じてディレクションやアドバイスを行います。

同時に、どの層、どのデモグラに対して出稿するのが効果的かについても、仮説を考えながらご提案し、アクションからリワード獲得に至る流れやリワードの内容についても一緒に検討しながら、広告費に対する仮の目標を立てます。

実際に広告を露出したら、直ちに5段階でのデータ分析を行います。アシックスの例と似ていますが、出稿を走らせながら、人流に対する視認やアクションの比率、デモグラなどを分析できます。何が効果的で、どこが期待に満たなかったのかも一目瞭然で、即座に改善のための方策に移ることができます。常にＰＤＣＡが回り続けている状態を実現できるわけです。

改善には、クリエイティブの変更はもちろん、思い切って出稿するリテール企業を変えたり、別々のリテール企業に露出して比較したりすることも可能です。どの年代の反応がよいかを踏まえてクリエイティブやリワードを再検討したり、ターゲティングを変更したり、あるいは好評を受けてより面的に露出を広げたり……など、状況に応じていろいろな戦略、戦術の変更、修正ができることになります。

この点が、まさにウェブ広告的なデータ取得と分析を導入したリテールメディアの真骨頂だと感じています。ただ露出してそのまま、効果測定もはっきりしないままなんとなく終わって広告費だけ請求される……ということは、少なくともＡｄＣｏｉｎｚに関してはないわけです。

消費者は自らの意思で情報を与え、リワードを得る

そして、ＡｄＣｏｉｎｚはリテール企業を訪れた来店客（消費者）へのメリットや個

人情報の保護とデータ活用の可能性について、これまでのウェブ広告のように、効率さえ高ければ、合法ならばかまわないという状況には決してしていません。消費者が自らの意思で自分のデータを提供する代わり、同時に自らの意思でリワードを得るという、クリーンでフェアな仕組み作りに力を注ぎました。

そのためには、地道な作業が大切となります。すべてのデータ取得は、必ず消費者の許可を受けた上で、当然合法的に行います。

ＡｄＣｏｉｎｚを設置する際には、ポスターやデジタルサイネージを通してデータを取得している旨を開示、お知らせし、詳細な条件や私たちのセキュリティポリシーなども、お客さまのリクエストがあればすべてＡｄＣｏｉｎｚ端末上で表示することが可能です。ただし、いわゆる人流やデモグラに関しては、当然個人の情報が特定できない範囲でのデータ取得にとどまります。

一方で、アクションをしてくださったお客さまが、個人情報などを提供した場合の保護やセキュリティ管理は、さらに厳しく行わなければなりません。誰に、どこまでその情報が共有され、何の目的に使われるのかについて、わかりやすく示した上でリワードを獲得するかどうかを決められるようになっています。

つまりこの時点で、消費者は「自らの意思」で情報を与えるかどうか判断できると同時に、自らの意思でリワードを得ることになります。そして、その認識を持っていただけるような仕組みを作っています。

とにかく「OK」さえ押させて、地引き網よろしく大量にデータを集めたほうがいい──合法ならばむしろわかりにくくしたほうがいい──気がついたら許可していた形に誘導してすべてごっそり抜き取ってしまえばいい──すべてがそこまでうさんくさいとは言いませんが、ウェブ広告では少なからぬプレーヤーがそうした考えを持っていたり、省みることすらせずに行動していたりする現状があります。

AdCoinzは、社会の変化、プライバシー意識の世界的高まりを受けて、この点に関しては決してウェブ広告の常識を引き継がないよう、さまざまな手順を踏みながら、理解を進める努力をしています。

ただの「ポイ活」にはしたくない

長期的には、ＡｄＣｏｉｎｚで得られ、編集したデータを、ＡｄＣｏｉｎｚの枠を超え、より一般に提供していくことも考えられます。その際、日本に生きる消費者、リテール企業、広告主の行動で作られる包括的なデータが、まるで公共財に相当するような大切な存在だという社会的なコンセンサスを作り上げられれば理想的です。

ＡｄＣｏｉｎｚのスキームを見て「ポイ活」の一種だと認識される方もいます。もちろんそうした面がないわけではありませんが、私たちは「ポイ活」の仕組みとして流行することを望んでいるわけではありません。

私たちがこの点にこだわるのは、リアル空間から得られるデータこそが、日本経済の成長、そして復活と再興の大切な切り口や財産になるからです。

私たちリテールメディア関連と、リテール企業、広告主、そして同時に消費者もまた、ともにデータを作り、活用しながら、全体としてすべての人の経済活動や生活に恩恵をもたらせる仕組みを構築し、よりよいもの、ほしいもの、自分に合ったものに出合う機会を増やしていく。少々大げさに言えば、そんな文化や考え方を普及させていきたいと考えています。

自分に向いていたり、便利さをもたらしてくれたりする広告を見たい、新しいものやサービスを知って、より自分らしいライフスタイルを高めたいといった消費者のニーズは必ずあります。同時に、自社の商品やサービスを、あるターゲットを考えて製作したのでぜひ試してほしいと考えている広告主もいます。そんな双方が、付加価値の低下で苦しむリテールの場で出会い、みんなにメリットが生まれる形でデータをやり取りしながら、新しい付加価値が生まれていく仕掛けや仕組みを作り出したいのです。

リワードやポイントは、あくまでその流れを促進する潤滑油であり、仲介物にすぎません。むしろ消費者も、やがて集められた自分のデータを自分自身で引き出し、ライフスタイルやマネープランの改善などに「逆利用」できるようなことも考えられるでしょうし、そのほうが「ポイ活」よりよほど自分自身の生活を豊かにしてくれるはずです。

付け加えれば、ＡｄＣｏｉｎｚに対してアクションしていただく過程で、ＡｄＣｏｉｎｚのＬＩＮＥとつながっていただくのですが、もしも今後、ＡｄＣｏｉｎｚへの信頼感が高まるなら、消費者ごとに確度の高い、自分が興味を持っていると感じる可能性の高いお知らせやキャンペーンだけをお送りすることができるようになります。

メールアドレスやＬＩＮＥを登録すると、興味のあるお知らせの何倍、何十倍も、まったく興味のないお知らせや広告がしつこく送られてくるようになり、結局機械的に削除したり、思い切って登録を解除したりしたような経験が、多くの方にあるのではないでしょうか。かといって、思い切って整理してしまうと今度は反対に、絶対に知っておきたかった広告や必ず登録しておきたかったキャンペーンなどを、みすみす見逃すことにもつながりかねません。

そうしたミスマッチを減らし、ＡｄＣｏｉｎｚから届くお知らせを楽しみに待っていただけるような関係性が作れれば、消費者も広告主もメリットを得られることになります。

AdCoinzですべて完結するスマートさ

ＡｄＣｏｉｎｚの大きな特徴の一つは、ＡｄＣｏｉｎｚ端末だけで基本的にはすべてが完結できるスマートさです。

リテールメディアがなかなか普及しにくかった理由に、いろいろな機器を統合的に設置し、使いながら、すべてを調和させて運用していく難しさがありました。

もっとも、こうした複雑な仕組みにもメリットはあります。第3章で見たような、詳細かつ目的のはっきりしている課題を解決するには、ＡＩカメラやデジタルサイネージ、ビーコンなどを最適な形で組み合わせ、必要な数も確保しなければなりません。データ収集や仮説の検証はその分だけ子細にできるわけですが、投資コストや運用面での難しさは反比例して高まってしまいます。そのためにリテールメディアを導入できないのであれば、それはそれで大きな問題でもあります。

ＡｄＣｏｉｎｚはその点、端末さえ設置すれば、そのままでかなりのことが可能になる点にフォーカスしています。

人流は豊富で空きスペースもあるがリテールメディアの設置方法がわからない――自社で広告を集め、運用することが難しい――といった状況を、ＡｄＣｏｉｎｚの設置だけで、しかもほぼノーリスクで乗り越え、その上ＡｄＣｏｉｎｚだけでほとんどのニーズを完結できることになります。

これは同時に、ＡｄＣｏｉｎｚを通じて行われるリテール、広告主、消費者、そして私たちの関係は、すべてＡｄＣｏｉｎｚを通して行うことを基本としているということでもあります。

AdCoinzで起きる出来事は、原則としてすべてLMIグループが責任を負っています。AdCoinzで集めるデータは多岐にわたりますが、そのセキュアな管理は私たちが行う大切な業務です。そのためにも、AdCoinzですべて完結する必要があるわけです。

AdCoinzの規模と今後

AdCoinzは、面的な拡大をすればするほど、リテールメディアや媒体としての価値が加速度的に増していきます。さまざまなセグメント、ターゲティングが可能になりますし、大規模な露出も、反対に絞った露出も可能になります。そのなかで組み合わせられる戦略も、複雑なニーズに応えられるようになります。そのために、私たちは自らリスクを取り、このスキームの拡大のため、先行投資に注力しています。

まず現時点での規模を述べておくと、12月よりコンビニのミニストップ全店でAdC

oinzの導入が開始され、この本を執筆している2024年12月時点で、設置数は3041店舗、人流に換算すると1か月当たり3127万人にアプローチできる体制となっています。

その上私たちは、AdCoinzをさらに拡大したいと考えていて、5年以内に2万店舗導入を目指して現在は投資を急拡大しているフェーズです。この本を、広告主やマーケティング関係者だけでなく、できるだけ多くのリテール企業の方々にお届けしたいのは、広告やリテールを取り巻く課題と同時に、リテールメディアの可能性とAdCoinzの特長をお伝えし、ぜひ設置を検討いただきたいからでもあります。

現時点で、LMIグループとしては、AdCoinz拡大の当面の目標を、人口カバー率10%、人流に換算すればユニーク数で月間1000万人台前半に置いています。

このくらいの規模感があると、たとえばテレビCMの視聴率や、既存のウェブ広告などとも比較検討できる、あるいは組み合わせられるだけのスケールになると考えています。同時に、より細やかなターゲティングができるようにもなり、広告主のさまざまなニーズにお応えできることになります。

そして、統一感がありデータの取得も容易なリテールメディアが広がることで、生活者の生活自体がよい方向に変わり始めることを、多くの人に実感していただけるようになるのではと期待しています。

現時点でのＡｄＣｏｉｎｚの設置数、設置箇所などについては、ＬＭＩグループ・ＡｄＣｏｉｎｚのサービスサイト（https://adcoinz.lmig.co.jp/）でアップデートしています。これは公開情報で、どなたでもご覧いただけます。

予算の最低ロットは100万円規模から。おためし・実験も可能

面的に拡大を続けているＡｄＣｏｉｎｚですが、当然、絞ったターゲティングもできますし、そのためのデータ収集や分析でもあります。

私たちは決してマス媒体化したい、そしてナショナルスポンサーだけを主なパートナーにしたいと考えているわけではありません。さまざまなアプローチの手段を提供し、予算に応じて効果の最大化を目指すお手伝いをすることを理想として掲げています。こ

のポイントは非常に重要なテーマでもあり、思いでもありますので、この本の最後で、もう一度述べたいと思います。

そこでまず、予算について触れておきますと、現時点では100万円くらいの規模感でも、十分にお使いいただけます。

リテールメディアは気になっているものの出稿の方法がわからない、どのくらいの効果が期待できるか未知数、というのは、現時点では少なからぬ広告主が感じている課題だと思います。ターゲットを絞った形での出稿ができることと同時に、いわゆる試行、検証のレベルであっても、100万円程度の予算があれば、AdCoinzの特性を実感するには十分です。

また先ほども述べたとおり、今後AdCoinzが拡大していけばいくほど、同じ予算でも、より細かいターゲティングや設定ができるようになります。

テレビなどの既存媒体の広告はもちろん、広告費の高騰しているウェブ広告と比較しても、一度試してみる価格としてはそこまで大きな負担にはならないという手応えを、多くの広告主から感じています。

ＡｄＣｏｉｎｚに使われている最新技術とは？

私たちが今までのさまざまな経験、リテール企業とのお付き合い、協業先から受けたニーズなどをもとに、ＡｄＣｏｉｎｚの端末には、機器としても、そして分析やソフトウェアの面でも、さまざまな最新技術を搭載しています。そのうち、代表的なものが「Ｋｅｙ ＩＤ」と呼ばれる顔認証の仕組みです。

これは簡単に説明すると、ＡＩカメラに捉えられた顔の画像のうち、個人情報を特定しない形で個人を認証する方法を指しています。

これによって、たとえば「Ｋｅｙ ＩＤ」が一致する人物をリピーターとして分析することができたり、同じ「Ｋｅｙ ＩＤ」の人がどのような関心を示しているかなどを蓄積したりすることができ、より関心度の高い広告を選んで出せるようになります。

これは、当社も出資している香港の企業、ＳｍａｒｔＲｅｔａｉｌ社の最新技術を導入したものです。

同社は香港で３０００台ほどの自動販売機を保有しているのですが、そこにはＡＩカメラと「ＫｅｙＩＤ」の仕組みが導入されていて、広告画像をデモグラに合わせて表示することができます。さらに、飲み物を買いに来た人が興味を示すと、缶でできた容器に入っている販促品を提供するとともに、その場で飲み物を割引するような機会を提供し、広告主にはデータを提供しています。

この技術は現時点でも発展途上なだけに、今後さらに精度や機能が向上していく可能性もあります。今後、ＡｄＣｏｉｎｚでも、「ＫｅｙＩＤ」をトリガーとして活用し、表示する広告を分けたり、クリエイティブを変えたりすることも実装したいと考えています。

誰にも真似できないAdCoinz独自の強み

もう一つ、ＡｄＣｏｉｎｚの強みを述べておきましょう。それは、ここまでご説明したような流れやスキームを、高度に自動化して運用する仕組みです。いわゆる、裏側の見えないところで、いかにストレスなく、人手もかけずにスムーズに動かすか、ということです。

目に見える価値ではないため、地味な話になりやすいことは承知しているのですが、ここまでさまざまなリテール企業と協業してきたなかで、どのように現場の負担感を減らし、無理のない形で運用を持続させるかについては、何度も壁に突き当たりながら改良してきたところです。

とりわけ、広告配信やデータ収集、分析といったさまざまなやりとりの自動化は、細かくは申し上げられないものの、すでに作り込まれています。広告主も、リテール企業も、かなりの部分自動化された環境下でデータにアクセスできるため、あとは考え、検証しながら次のアクションを起こすだけになります。

もちろん、それらを支えるさまざまな機材やデバイスに関しても、ＡｄＣｏｉｎｚの端末からデータ通信、制御、分析などのソフトウェアに至るまで、特許を始めさまざまな知的財産権を確保しています。個々にいちいち取り上げて誇るつもりはありませんが、むしろあまり意識しないでも、スムーズにＡｄＣｏｉｎｚが動き、必要なデータが吸い出せることに、当社の技術力、対応力の地力《じりき》を感じていただければと考えています。

そして、こうしたスムーズさが、実は日本のさまざまな現場に起きている人手不足を解消するための、重要な価値になるのではないでしょうか。

単なる無人化、効率化を超えて

ＡｄＣｏｉｎｚは、ここまでご紹介してきたように、さまざまな無人化や効率化の技術を込めたスキームです。もちろん、それらが経済や社会にもたらす価値は大きいと感じています。

同時に私たちがＡｄＣｏｉｎｚでしたいことは、決して単なる無人化、省人化、効率化だけではないと自覚していますし、それだけではいけないと考えています。

ＬＭＩグループは、全国でリテール企業の店舗作りに関わっている企業です。そこで行っている業務はさまざまですが、たとえば店舗の運営を効率化するための施策もあれば、店舗を彩り、心躍る感覚を演出し、幸せな気分になれるような仕掛け作りもまた、大切な方向性として存在しています。

この、一見別々の方向性とも取れるものを最終的に統合するのは、購買体験や消費体験の価値を高める、という考え方だと思うのです。効率化は非常に大事ですが、それだけを徹底した店舗は、消費者にとって楽しいものではないと思います。効率化すべき部分は効率化して、そのほかの部分は体験価値を上げていくことで、楽しくて彩りのある消費体験を創り出すことが可能なのではないかと考えています。Ａｍａｚｏｎ Ｇｏがうまくいかないのは、もしかしたらこの部分がネックだったのかもしれません。あるいは、完璧な無人化運営店舗が作られて喜ぶのは、テクノロジーおたくだけだという言い方でもいいでしょう。

私たちは、ＡｄＣｏｉｎｚの仕組みを効率的に動かしますが、その先には、たとえばこんな世界ができたら素敵だと思うのです。

「いつもどおり、いつもの所に買い物に行ったら、ＡｄＣｏｉｎｚを通じて思わぬ発見があった」

「自分の考えにピッタリ合ったサービスと出合えて最近毎日楽しい。思い出してみれば、あの日、あのお店の店頭で知ったんだった」

「ついでにおトクな思いもできて、今日はいい1日だった」

広告を見る、という行為が、こうした満足感や幸福感につながり、日々を彩っていく。恐らく無人店舗でこうした感覚は得られないのではないでしょうか。

ＡｄＣｏｉｎｚで地域商圏の活性化が図れる

最後に、ＡｄＣｏｉｎｚが面的な広がりを見せたあと、こんな世界、こんな日常が作れたらいい……という、一つの理想形態を述べておきたいと思います。

それは、ＡｄＣｏｉｎｚが最終的に、ごくミクロの地域商圏、隣近所、自分で歩いて行ける範囲にある個人経営のお店同士、地域住民同士でもつながりが簡単に作れ、大切な自分たちの街を守り、盛り上げていける手段になり得るという話です。

先に具体的なシーンから想像してみましょう。

家から歩いて数分の所にある、おいしいパン屋さんの店頭にＡｄＣｏｉｎｚが置かれています。会計を待っている間に表示された広告は、そこの３軒隣にある美容院のカットが初回500円割引、パン屋で使える300円のリワードがついた広告でした。

広告を見ている方は、今子育ての真っ只中で、あまり遠くに長時間の外出ができません。そこで通販や宅配を主に使っているのですが、伸びてくる髪はどうしようもありませんし、忙しい毎日ですから、できれば短めにしておきたいですし、多少はおしゃれに気をつかっていたいという思いもあります。

パン屋の3軒隣に美容院があることは知っていたのですが、広告や宣伝を見たことはなく、どんな人が経営していて、いくらで何ができるのかも知りません。毎日の生活のなかでは、案外そんなものではないでしょうか。

するとパン屋の方が、広告を見て興味を示した様子を見て、「実は私もそこに通っているんですけど、とてもいい方ですし、いろいろ熱心に相談に乗ってくれますよ」と教えてくれます。それならば一度行ってみようか、という気持ちになりました。すべてが自宅の近所で住むなら、こんなに便利なことはないからです。

実際、500円オフのカットを受けるために出かけてみると、思ったよりもずっと素敵なお店で、美容師もまた気に入りました。パン屋のAdCoinzで広告を見たことで、ごく近い範囲でもこんなに新しい体験ができることを知って、豊かな気持ちになりました。

そして、美容院にもＡｄＣｏｉｎｚが設置されていました。カットを受けている間に見てみると、やはりすぐ近くの中華料理店やリフォーム業者、ホームヘルパーやベビーシッター、そして例のパン屋の広告も表示されていました。……このような、ごく狭い範囲で、しかししっかりと経済的なつながりを実現しながら、ご近所、商店街のお店同士でも小さな広告がやり取りできる日が来る――そんな想像ができます。

ＡｄＣｏｉｎｚが拡大し、非常に複雑なニーズにお応えできるようになれば、数万円くらいの広告予算で、ごくごく狭い範囲に広告を露出することもでき、新聞の折り込みチラシや駅の交通広告、商店街の看板といった、伝統的な広告手段の役割までも担えるようになるかもしれません。しかも出合い方はもっと感情が動く形となり、リワードのやりとりもできるのですから、商店街などつながりのある商圏が取り組むプロモーション方法としても、ポイントプログラムなどに代わる新しい価値が提供できるかもしれません。

各リテール店舗は、今でもＳＮＳなどをがんばっておられると思いますが、ＳＮＳだけで効率的な販促ができているところはさほど多くないと感じます。インスタグラムにいくらきれいに撮影した写真を載せても気づいてもらえませんし、ウェブ上のレビューには誰のモノかわからない、しかも根拠のない批判が書き込まれたりします。

もしもAdCoinzがこうした使われ方をされるようになり、がんばっているけれどなかなかアピールする手段のない近所のお店や、地元の商店街、地域の商店などが守られ、発見され、成長していくことができれば、それがAdCoinzの目指す最後の形態なのかもしれません。

AdCoinzで共有されるデータは、地域商圏や地元商店街の宝物になります。みんなが情報を自発的に共有し、必要な商品やサービスにアクセスできる。がんばっている商店主が正当な評価を受ける——その姿は、もしかすると、数十年か前の日本ならどこの地域でも見られたご近所づきあい、人間関係のブラッシュアップされた形態なのかもしれません。誰もが、ゴーストタウンのようになってしまったかつての商店街を見て、心が動きます。どうにかできるチャンスはなかったのかと。その機会が、本当に作れるかもしれません。

そしてこれは、社会的な意義も大きいと思います。子育て中の主婦という例だけではありません。家と会社の往復で忙しい人なら、家と駅の間でいろいろなものが解決できれば時間は最適化でき、タイムパフォーマンスが上がります。そして私も、恐らく読者の皆さんも、今よりさらに高齢化した社会を高齢者として生きていくことになるでしょう。そのとき、家から歩いていける場所にどんな商店が残っているかが、その際の生活の質を大きく左右すると思います。

ＡｄＣｏｉｎｚを、がんばっている人、がんばっているリテール、がんばっている広告主を結びつける仕組みにしたい——その思いを強く持ちながら、理想の形に近づけていきたいと考えています。

ぜひ一度、ＡｄＣｏｉｎｚのウェブサイトをご覧いただければ幸いです。

巻末対談

LMI誕生!
運命的なビハインド

LMIグループ社長の永井俊輔と著者はもともと高校・大学の同級生。
しかしその間には、運命的な出会いもあれば、
個人的にも社会的にもさまざまな紆余曲折があった。
LMIグループ、そしてAdCoinz(トクスルビジョン)を生み出すに至るビハインド、
さらに今後の進むべき道とは?

LMIグループ 代表取締役社長

永井俊輔(写真左)

早稲田大学商学部卒業後、大手ベンチャーキャピタルのジャフコに入社。M&Aやバイアウトに携わるが、わずか半年で退社後、実家が経営する株式会社クレスト(LMIグループの前身)へ入社。祖業の「看板屋」に、CRM、MAなどのITを導入して4年間で同社の売上を2倍に拡大させ、2019年に代表取締役就任。著者とは早稲田大学本庄高等学院〜早大時代の同級生。

コロナをきっかけに見えてきた「リテール」の進むべき道

望田　まず率直に、読後感はどうでしたか?

永井　面白かった(笑)。懐かしい話も入っていたし、すっかり忘れていたエピソードとか、今後の展開とか、いろいろあるよね。

望田　いやいや、元はといえば、ＬＭＩのリテールメディアは、永井さんから始まった話だから(笑)。

永井　香港の自動販売機の話(233ページ参照)を聞きに行ったこととか、懐かしいよね。あの段階で、よく飛びつけたと思う。

望田　成長するためには新しいことをしなければ……という超・前向きな話でもあったけど、実際は状況の変化も大きいと思う。

永井　そう。文章の中でＬＭＩの説明が少し入っていたけれど、前はＬＭＩの「レガシー」を、今とは少し違う見方で捉えていたよね。

望田　少しどころか、全然じゃない?

永井　日本中のリテールとお付き合いしてきた弊社だったら、今レガシーと言われている日本中のレガシー企業を全部効率化して、どんな企業でも必ず利益体質に変えていける!とか考えていた。

望田　懐かしい(笑)。二人ともめちゃくちゃ鼻息荒くて。

永井　そして実際にレガシー企業を複数買収して再生しながら、ゆくゆくは後継者のいない日本中のレガシー産業を全部引き受ける!……っていう気持ちを持っていた。

望田　そこに新型コロナウイルス……。できることがほとんどなくなってしまって。で、永井さんに「どうするの? やることないんだったら、お前が未来を考えろよ!」って言い放って。

永井　週1回のリモート会議以外、会社と関わらずに籠もれと。しかも途中段階で望田に相談しよう、ディスカッションしようとしても、一切聞いてくれない(笑)。

望田　「途中の報告は必要ないから、結論出るまで一人で考えろ。見えるまで連絡して来るな」って(笑)。

永井　どっちが社長かわからない。で、書店や図書館に1カ月ほぼ毎日通って、コロナ後の大きなトレンド変化をつかもうとした。

望田　あのときって、具体的にどのくらい本読んでいたの？

永井　買って読んだのは40冊くらいかな。でも、大々的に並んでいる最新の本はほぼ全部、最低目次には目を通したと思う。その上で出てきた結論が、「スマートリテール」、あるいはそれを内包している「スマートシティ」だった。

コロナ前だったらどんなリテールでも再生できるって考えていたけど、コロナと絡めて言うなら、今後どれだけいいＦＡＸ機を売り出しても、もうマーケットがないから売れないよね。

一方で、コロナで見えてきたこともたくさんある。読んだ本の内容で今でも記憶に残っているのは、スマートシティっていうと未来みたいに思えるけれど、実際はコインパーキングだって、スマートシティだって話。

望田　確かに。昔だったら管理のおじさんがいたけど、今はセキュリティまで全自動だよね。

永井　そういうことがスマート化なのであって、昭和の時代から見たら今はみんな、すでにスマートシティに住んでいるんだよね。それなら、今後のスマートシティはどう進んでいくのかを考えた結果、これからはGAFAみたいなプラットフォーマーが丸ごと取っていくのではなくて、Web3でいう「分散型」、「非中央集権化（decentralization）」なんだと。

望田　実はそこから発想したのが、今のAdCoinz（トクスルビジョン）なんだよね。テクノロジーの発展で、リテールも消費者も広告主も、誰もが納得できる形を作れるという。

5年間の「音信不通」

永井　『サンクチュアリ』の話（259ページ参照）があったけど、あれが仲良くなったきっかけだよね。

望田　そうそう、「お前も読んでるの？」みたいな話から始まって。高3の学園祭の準備期間で。それまでは特に接点はなかったんだけど、漫画をきっかけにして、いろいろな共通点がわかった。こういう人生を歩んでみたい、日本を変えてみたいっていうところで意気投合して、どういう形かわからないけど、将来必ず一緒に仕事しようって約束した。

永井　大学時代も同じ商学部で、授業ほとんど全部一緒だったけど、逆にほとんど遊んでないよね。

望田　永井は学生時代から実家の仕事を手伝っていたし、僕も大学の仲間と起業を目指したりしていて。で、お互い別の投資会社に入るんだけど、永井は半年で辞めちゃうんだよね。

永井　実家から戻ってこいと言われて。当時はショックだったよね。群馬の看板の、本当に現場仕事だけしている会社だから、もう世界が違いすぎた。家業だから、自分なりにこの会社をイノベーションしたいという気持ちも、もちろんあったけど、これから日本を、世界を変えるという勢いで勉強して投資会社に入ったはずなのに、ＰＣさえほとんど使わないような会社にいる自分が、正直に言って恥ずかしかった。

望田　それで、永井から一切連絡が来なくなった。完全な「音信不通」。

永井　人生終わった、くらいの感覚だったから……。で、そこから5年ぶりに望田に連絡するんです。やっと看板屋からファッションブランドのショーウインドウを手がけるまでになって、このあとの成長フェーズをどうするか、コンサルタントとして望田の力を借りられる段階になれたから。

でも、急に連絡が来て、どうだったの？

望田 いや、警戒感しかない。もちろんいつか何でもいいから一緒に仕事しようっていう約束は覚えているし、むげに断るわけにはいかないから、とりあえずサポートはするけど、5年間で永井が人間的にどう変わったかはわからない。だから、こいつの人間性がわかるまでは信用しないようにしようと(笑)。

永井 そこからさらに6年くらい？ 土曜日、ほぼ毎週集まって、うちの会社の戦略を一緒に考えてもらった。

望田 この過程でできたのが、レガシー・マーケット・イノベーション(LMI)っていうコンセプトだよね。永井が「恥ずかしい」って感じていたその恥ずかしさを「レガシー」と定義して、いい形を残しながらイノベーションして利益を生み出す花形産業に変えていけるという。永井の背負ってきた思いが改めてわかったから、僕も会社を辞めて、合流することにした。

永井 そして、合流して即座のコロナから、紆余曲折を経て今に至ると(笑)。

リテールメディアが、スマートシティの形態を変える!?

永井　スマートシティの究極形は、たとえばＧｏｏｇｌｅが計画していたものや、トヨタ自動車の「ウーブン・シティ」だと考えられてきたし、自分でもそう思っていたけれど、もしかしたら違う作られ方があるのではないか、というのが最近のポイント。

望田　コインパーキングだってスマートシティだし、リテールメディアもそうだからね。どっちもいわゆる「コンセプトシティ」みたいな形ではないわけで、既存の産業をどんどんスマート化していくことでもスマートシティになり得る、ってことだよね。

永井　そう。ＡｄＣｏｉｎｚが目指しているのはそこですよね。今までなら、たとえば電車に乗ったら、見たくもない広告、知りたくもない情報を、いわば半強制的に見せられていた。その中に露出させられていた。広告主だって、見てくれるかどうかもわからない段階で、数打ちゃ当たるで広告を出すしかなかった。でも、今ＡｄＣｏｉｎｚがしていることは、ずっとスマートだよね。

望田　ＡｄＣｏｉｎｚを置くリテールも、ＡｄＣｏｉｎｚに出稿する人も、ＡｄＣｏｉｎｚでリワードを受ける消費者も、自分の意思だよね。

永井　アプリに興味がある消費者にリワードを払って、広告主が直接アピールできるのって、今までには存在し得なかったスマートなつながり方だよね。まったく中央集権的ではないし、消費者は自分の意思でＡｄＣｏｉｎｚをうまく使えば、生活の中でのキャッシュアウトを減らしながら、自分に合った情報を得られるわけで。電車で広告を見せられるだけの状態とは大きく違う。

望田　広告主は、自分を気に入ってくれる消費者と出会う対価を払う方法が生まれるし、リテールには今までマネタイズできなかった価値が生まれる。

永井　過疎に悩む村に急に人流を作ったり、インバウンド需要をうまくアレンジできたりもするよね。最近は、こういう形が面的に増えていくことこそ、スマートシティの形なんだと思っている。今後は積極的にアクセルをふかして、どんどん広げていくフェーズに入ります。

望田　そうそう。

永井　スマートシティの方向性はここ数年ずっと考えていたテーマなので、とても刺激的ですよね。ＬＭＩには当然モビリティーはないけれど、消費者が行動したくなるきっかけを、ＡｄＣｏ・ｉｎｚを通じて作り出すことはできる。こうなってくると、レガシーって何なのかの定義は、さらに変わっていくかもしれない。

望田　実は、ほかにもイノベーションできる分野があって、ＡｄＣｏ・ｉｎｚの現在の形態は、まだその一つに過ぎないよね。

永井　そうです。たとえばＩＰ（知的財産）の……。

望田　おっとそこまで！　とにかく、今後もイノベーションできるレガシーは、いろいろ変わっていくし拡大していく、というところで、みんなで日本をよくしていく仕事をしていきたいと思います。

おわりに

日本が日本らしくあるために。その答えを導くデータという共有財産

データを渡し、管理されること。恐らく保守的な方ほど、それは怖いことなのかもしれません。

考えてみれば、かつてウェブがなかった時代でも、多くの「データ」が共有されていました。

たとえば「顔パス」。会釈一つで証明書を要求されることもありません。

お店では「いつものやつで」とオーダーすれば済みます。時には店員から、「そろそろ奥様のお誕生日が近づいているのでは……」などと教えてもらえることもあったのではないでしょうか。

これらもまた、「データを渡し、管理されている」状態ですが、しかし不思議と悪い気はしません。高級で、気づかいと敬意や尊重があり、自分という存在を大切にしてくれていると感じられるからです。

ウェブ広告で大量のデータを合法的に集められるようになり、私たちは渡した覚えがない個人情報まで、どこの誰なのかはっきりわからない相手に使われるようになりました。もしかすると、データや、データを活用した広告に対して保守的になり始めたのは、こうしたマーケティングが盛んになったことが背景にあるのかもしれません。

ならばもう一度、自分のデータを知ってもらうことの価値、安心感、素晴らしさを取り戻せればいいのではないでしょうか。

どういう形でデータが取得され、そこにどのような意義があるのか。そして、データを活用し、共有することで自分の生活や経済全体がよりよくなることが認識できれば、「バージョンアップ」した古き良き日本、懐かしいだけでなく、より素敵で、新しい日本を作れるかもしれません。

私たちが幼かった頃、新しいアイデアや仕組み、商品やサービスを生み出すには、欧米先進国の状況が大いに役立ちました。いわゆる「タイムマシン経営」です。

考えてみれば、私がかつて勤務していたコンサルティング業界も、そしてこの本の論点の一つだったウェブ広告やクッキーの仕組みも、ほとんどが「輸入品」です。口さがない人たちは、それを「真似」だと批判したりもしました。

しかし今の日本は、多くのポイントにおいて、もう誰も「真似」をする相手がいません。日本が直面している課題や日本で独自に起きている問題は、私たちが考えるよりほかにないのです。

日本発の仕組みとして、アジアへの輸出を狙いたい

あるいは、日本の経済や社会、文化は、今やアメリカとも、中国とも違う、独自の立ち位置を作り出していると考えることもできるでしょう。

日本独自の課題から生み出された解決策や仕組みを発展、熟成させることができれば、

近年よく耳にするようになった「デジタル赤字」の拡大を止められるかもしれません。

日本人が、もしも広告やデータ利用、そしてリテールメディアで「日本らしい」ものを作ることができれば、それは輸出の対象にできるでしょう。

日本は少子高齢化のトップランナーです。しかし、アジア各国と比べれば、案外粘り腰を発揮している国でもあります。周辺の国々のほうが、少子高齢化のスタートこそ遅かったものの、状況はさらに深刻で、今の日本以上に、アジア全体で今後少子高齢化が大きな問題になってくると考えられます。

しかも、こうした国々には、広く日本の製品やサービスにブランド感を持ち、また高く評価してくれる文化もあります。

そして、商圏のあり方もアメリカよりよほど日本に似ています。かつては人間関係を基盤にしながら、街の狭い範囲で消費行動が行われていた点もそっくりです。

ここには恐らく、アジアらしい人流、アジアらしい消費行動、そして、大切に受け継いでいきたいアジアらしい社会や文化が宿っているのだと感じます。

私は、いずれアジア全体に、ＡｄＣｏｉｎｚ（トクスルビジョン）をもとにしたリテールメディアのスキームを輸出できる日が来ることを願っています。

生産性を向上して、日本をもう一度「日本っぽく」

ダイバーシティやボーダーレス化が叫ばれるグローバル化した時代のなかで、「日本を強くしたい」と繰り返し言っている私は、少し変わり者の部類なのかもしれません。

それでもなお、私や、当社社長の永井の世代には、かろうじてまだ「好きな日本をなんとかしたい」という思いが、わずかながらでも残されているのではないでしょうか。あるいは、その最後の世代なのかもしれません。

なぜなら、日本経済、社会の相対的なポジションや存在感が国際的に高かったバブル時代〜90年代を、それなりの年齢で体感し、覚えているぎりぎりの世代だからです。個人的な感想と指摘されてしまえばそれまでですが、私たちより2歳、3歳年下の世代になると、「物心ついたときから下降し続けている日本」「どんどん弱まっていく日本」しか知らず、それ以前のことは自分の人生に関係の薄い歴史でしかないと考えているように感じます。だからこそ、強かった頃の日本に極端に憧れている人もいる反面、多くの人は「日本が弱くなっていくこと自体が当たり前で疑問は持たない」「弱くなっていく前提でどうやって自分を防衛していくか」にしか関心がありません。

永井や私は、政治家の道を進むつもりはありませんし、経済的な部分で日本をよくしたいと思っています。ただ、この感覚を、わかる方にだけわかっていただけるなら、池上遼一先生の『サンクチュアリ』の世界を、自らの事業で作り上げたいのです。

レガシー産業と呼ばれて久しい日本の、たとえば中小企業、リテール企業にイノベーションを起こして、ウェブ広告をしのぐ情報をみんなで作り上げながら、お互いの生産性を上げていきたい——そうすることによって、高齢化、人口減少の日本で付加価値は高まっていくと信じています。

デジタルの世界でも、ウェブ広告の世界でも、日本は覇権を握れませんでした。もちろん、覇権を握るだけですべてが解決するわけでないことは承知の上で、それでも、私たちの生きている日本を、「日本っぽく」いいものにしていくために、自分たちのデジタルを、自分たちのデータを取り戻す挑戦を、一度試したいのです。

なかなかオープンな領域ではなかった広告、データ、ウェブの世界ですが、サードパーティークッキー廃止の流れを起爆剤にして一挙にオープン化した先に、みんなが誠実にがんばれる、そしてみんなに必ず恩恵がある経済、社会が作っていけるはずです。

ＡｄＣｏｉｎｚには、今のところ競合と目されるサービスやスキームがありません。それだけ先進的な取り組みなのだと自負しながら、決して簡単な道ではないこともまた深く心に刻みつつ、私たちの考えを共有してくださる方たちをどんどん増やして、ともに日本ならではのリテールメディアを盛り上げていきたいと考えています。

最後までお読みいただき、ありがとうございました。

２０２４年　11月

ＬＭＩグループ株式会社　取締役副社長 共同創業者

望田竜太

［著者］
望田竜太（もちだ・りゅうた）
LMIグループ株式会社 取締役副社長 共同創業者
早稲田大学卒業後、リサ・パートナーズにてPEファンド部門に所属。投資実行・投資先のバリューアップ及び管理業務に携わる。その後、PwCコンサルティングの戦略チームに転じBDD、PMI、業務改革、新規事業創出、DXなど、さまざまなテーマを経験。2020年より取締役COO＆CSOとしてLMIグループに参画。2022年3月取締役副社長に就任。新規事業開発に強みを持ち、ビジネスモデル特許を複数発明。なお、代表取締役社長の永井とは、早稲田大学附属高校からの同級生。

人を幸せにする広告戦略――消費者、広告主、小売業がWin-Win-Winで共鳴する

2024年12月10日　第1刷発行

著　者――望田竜太
発行所――ダイヤモンド社
〒150-8409　東京都渋谷区神宮前6-12-17
https://www.diamond.co.jp/
電話／03･5778･7235（編集）　03･5778･7240（販売）
装丁――――金井久幸（TwoThree）
DTP――――藤 星夏（TwoThree）
イラスト――平松 慶
製作進行――ダイヤモンド・グラフィック社
執筆協力――増澤健太郎
編集協力――古村龍也（クリーシー）
校正――――Letras
印刷――――加藤文明社
製本――――ブックアート
編集担当――酒巻良江

ISBN 978-4-478-12021-7